TEXTES LITTERAIRES

Collection dirigée par Keith Cameron

C

LES TROMPERIES

LES
TROMPERIES
COMEDIE.

Par Pierre de Lariuey
Champenois.

A TROYES,

Chez PIERRE CHEVILLOT,
l'Imprimeur du Roy.

M. DC. XI.

Page de titre de l'édition de 1611.

PIERRE DE LARIVEY

LES TROMPERIES

Edition critique
par
Keith Cameron et Paul Wright
Texte établi
par
Keith Cameron

UNIVERSITY
of
EXETER
PRESS

First published in 1997 by
University of Exeter Press
Reed Hall
Streatham Drive
Exeter EX4 4QR
UK

British Library Cataloguing in
Publication Data
A catalogue record for this book is available
from the British Library

ISSN 0309-6998
ISBN 0 85989 539 4

Typeset by Sabine Orchard
Printed in the UK
by Short Run Press Ltd, Exeter

INTRODUCTION

Avocat, chanoine, traducteur, astrologue, homme de théâtre, Pierre de Larivey naquit en Champagne en 1541 et mourut à Troyes en 1619. Nous savons peu de choses de lui et de sa vie[1] mais, en dehors de ses traductions de livres italiens, il nous a laissé neuf adaptations de pièces italiennes en français qui font de lui un des auteurs de comédies les plus prolifiques du seizième siècle et qui constituent un très précieux témoignage du langage théâtral et de la traduction créatrice de l'époque.

Les Tromperies, la comédie qui fait l'objet de cette édition critique, font partie du second recueil d'adaptations publiées par Larivey et parurent chez Pierre Chevillot à Troyes en 1611 en compagnie de deux autres, à savoir *La Constance* et *Le Fidelle*. Celles-ci sont restées sans suite, malgré le titre prometteur du recueil, *Trois Comedies des six dernieres de Pierre de Larivey, Champenois*. *Les Six Premieres Comedies facecieuses* avaient paru trente-deux ans plus tôt en 1579, mais, à cette occasion, chez Abel l'Angelier à Paris.

Les Tromperies: Dans son 'Epistre' à François d'Amboise, lui-même auteur de comédies (dont la seule qui nous soit parvenue est *Les Néapolitaines*, Paris, 1584), Larivey explique comment, en rangeant son bureau, il a retrouvé

> entre quelques brouillards et manuscripts six petits enfans, je veux dire six Comedies toutes chargées de poussière, mal en ordre, et ayans quasi leurs habits entierement rompus et deschirez[2]

Ayant constaté qu'elles ne contenaient rien d'offensif, il a

> tasché de les r'abiller le mieux qu'il [lui] a esté possible, à la façon de ce pays.[3]

Madeleine Lazard pense que cette affirmation indique que Larivey avoue les avoir traduites bien avant 1611:

1   Pour de plus amples renseignements voir l'Avant-Propos de *Pierre de Larivey, Champenois, chanoine, traducteur, auteur de comédies et astrologue (1541-1619)*, prés. par Yvonne Bellenger, Paris: Klincksieck, 1993; *Les Esprits*, édition critique par M.J.Freeman, Exeter: University of Exeter, 1978 (et Genève: Droz, 1987); *Le Laquais*, édition critique par Madeleine Lazard et Luigia Zilli, Paris: Nizet, 1987; *Le Fidèle*, préface de Luigia Zilli (Collection du répertoire, L'Illustre-Théâtre), [Paris]: Cicero, 1989; Louis Morin, *Les Trois Pierre de Larivey, biographie et bibliographie*, Troyes: J.L. Paton, 1937.
2   Voir Epistre, plus loin, p. 2.
3   Ibidem.

La tonalité des trois dernières comédies de Larivey qui paraissent en 1611, mais dont la rédaction, au dire de l'auteur, est antérieure, paraît différente de celle de ses premières œuvres.[4]

Point de vue partagé par Luigia Zilli:

Voici qu'en 1611 il revient au Théâtre et livre à l'impression trois des six comédies qu'il aurait découvertes, 'toutes chargées de poussière, mal en ordre', au fond de ses tiroirs. S'agit-il vraiment de traductions qui remontent à sa jeunesse et qu'il aurait écartées au moment de publier son premier recueil? Nous en doutons.[5]

Larivey a peut-être tout simplement voulu dire qu'il a trouvé les comédies parmi ses papiers mais qu'il s'agissait de versions originales, ce qui explique pourquoi 'leurs habits [c'est-à-dire leurs couvertures] étaient rompus et deschirez'. Il les a relues et a décidé de les 'r'abiller', c'est-à-dire de les traduire, 'à la façon de ce pays', à savoir en français. Avec cette interprétation certains doutes demeurent car l'auteur aurait pu faire savoir qu'il avait changé certaines références pour que tout se passe à Troyes plutôt qu'à Paris, car tel était le cas pour ses comédies de 1579, et de plus aurait-il appelé les pièces en version originale 'petits enfans'? Quoi qu'il en soit, n'oublions pas que dans les pièces liminaires, où ils s'expriment souvent sous forme métaphorique, la sincérité des auteurs du seizième siècle est contestable quant aux raisons qui les ont poussés à publier leurs œuvres, et qu'il faut aussi faire une large part à la licence poétique.

La pièce elle-même possède, cependant, certains indices qui nous permettent de mieux situer la composition de l'adaptation (voir les annotations du texte). Dans le prologue il est question à la fois d'assemblée des Etats généraux pendant les troubles et de famine à Paris. Or nous savons qu'il y a eu une assemblée des Etats généraux en 1576-1577, en 1588-1589 et en 1593;[6] Paris a connu une disette en 1573-1574, en 1580, en 1586-1587 et pendant le siège de 1590.[7] En outre, Anselme a passé quatre ans en captivité juste avant l'ouverture des Etats.[8] C'est le Capitaine qui nous donne la possibilité de

---

4   Pierre de Larivey: *Le Laquais*, édition critique par M. Lazard et L. Zilli, éd.cit., p. 27.
5   Pierre de Larivey: *Le Fidèle*, préface de Luigia Zilli, éd.cit., p. xii.
6   R. J. Knecht, *The French Wars of Religion, 1559-1598*, Harlow, 1989, p.135.
7   Ibidem, p. 91 et J. H. M. Salmon, *Society in Crisis: France in the Sixteenth Century*, London, 1979, pp. 207, 276.
8   Voir Acte V, Sc. IIII, note

remettre tous ces faits dans leur contexte car il confesse à Bracquet (Acte II, Sc. VI):

Je sçay que je suis monstré au doigt par les ruës, depuis que je chargeay si bien ces Anglois coüez qui descendoient et prenoient terre à Dieppe.

A quel événement précis fait-il allusion? Nous savons qu'en 1562, Elisabeth Ière a réclamé et Le Havre et Dieppe mais ses troupes n'ont occupé que le premier de ces ports.[9] Les Anglais ont pourtant bel et bien pris Dieppe en 1591 sous le commandement du Comte d'Essex au moment où Elisabeth a envoyé ses troupes pour soutenir Henri IV.[10] Dans la scène suivante (Acte II, Sc. VII), le Capitaine offre à Dorothée deux petits chiens qui étaient un cadeau qu' 'un Prince d'Allemaigne envoyoit au Roy, qu['il a] osté au Colomnel des Reistres'. Allusion, sans doute, aux reîtres allemands à qui Henri IV avait fait appel pour l'aider à combattre la Ligue. Le Capitaine se dépeint comme soldat au service du camp opposé à celui du roi par le fait qu'il est à Troyes, ville qui soutenait la Ligue.[11] Si nous avons bien identifié les allusions, nous pouvons en conclure qu'Anselme avait voulu regagner Paris pour les Etats généraux de 1588, qu'il a été fait prisonnier et qu'il a passé quatre ans en prison. Sa sortie en 1592 coïnciderait avec le retour du Capitaine de Dieppe. Nous pouvons en déduire que Larivey a fait son adaptation après 1592. Il n'existe aucune indication de date de composition dans *Le Fidelle* mais dans la troisième pièce, parue en 1611, *La Constance*, l'époque est celle où la France et l'Espagne étaient en guerre — c'est-à-dire soit avant 1559, soit autour de 1595. Etant donné qu'il y est question du 'recouvrement de la principauté de Luxembourg',[12] il ne peut s'agir que de 1595, l'année où les Français ont entrepris la prise du Luxembourg pour empêcher la liaison entre l'Espagne et les Pays-Bas alors aux mains des Protestants.[13]

On pourrait expliquer la présence de ces références historiques dans les adaptations de Larivey par son souci de les 'rajeunir' lors de la publication de ces trois comédies. Mais il nous semble tout à fait probable que ces dates indiquent que les adaptations ont été exécutées à une date beaucoup plus proche de 1611 qu'on ne l'a supposé auparavant. Que les traductions aient été faites

---

9 Voir Knecht, op. cit., p. 37 et Salmon, op. cit., pp. 147-148.
10 Voir Salmon, op. cit., p. 261.
11 Voir Salmon, op. cit., pp. 261-262.
12 Voir édition de 1611, ff. 24ʳ-25ᵛ et *Ancien théâtre françois*, vol. VI, p. 219.
13 Voir Salmon, op. cit., p. 292.

entre 1592 et 1611 nous paraît certain car cela explique la différence de tonalité remarquée par Madeleine Lazard et souligne l'actualité des pièces au moment où Larivey les a traduites, ce qui aurait été en accord avec l'esprit des versions originales.

Pourquoi avoir attendu si longtemps pour les faire publier? Nous l'ignorons. S'agit-il d'un simple scrupule de chanoine? Larivey s'était installé à Troyes dès 1586 et avait prêté le serment de chanoine du chapitre de l'église collégiale de Saint-Etienne la même année. En 1587 seulement est-il ordonné prêtre.[14] Quoique cette succession d'événements puisse nous surprendre de nos jours, au seizième siècle il n'y avait là rien de choquant. Est-ce qu'il craignait de mettre son nom à des pièces que l'on aurait pu qualifier de scabreuses? Là encore il s'agit d'une réaction de notre époque plutôt que de la sienne. Il se peut que Larivey n'ait pas voulu se livrer à la critique éventuelle des Huguenots au début des années 1590, surtout à cause du fait que lui, chanoine à Troyes, lieu fort de la Sainte Ligue, aurait pu être le point de mire des défenseurs d'Henri IV. La ville de Troyes avait été occupée par 'la Ligue depuis le 11 juin 1588 jusqu'à sa reddition à Henri IV le 5 avril 1594',[15] soit précisément la période où sont situées *Les Tromperies*. En 1611, la situation politique était telle que quasiment personne n'aurait pensé à le critiquer. Si l'on peut accorder foi à ce qu'il dit dans son épître à François d'Amboise, Larivey attachait de l'importance à la réception de son œuvre. S'il fait de nouveau appel à d'Amboise, c'est non seulement parce qu'il l'avait déjà fait pour son premier recueil de comédies, mais surtout parce qu'il croit celui-ci influent et ayant 'la puissance de les [*les Trois Comédies*] deffendre des brocards des mesdisans'.[16] Se peut-il que Larivey ait reçu de blessantes critiques à la suite de la publication de ses premières adaptations ou de ses autres traductions? De telles critiques restent dans le domaine de la spéculation, mais elles expliqueraient le décalage entre la traduction des pièces et leur publication. On peut aller jusqu'à envisager que Larivey se soit

14   Voir Lazard, *Le Laquais*, op. cit., pp. 12-13.

15   Louis Morin, *L'Imprimerie à Troyes pendant la Ligue*, Paris, H. Leclerc, 1912, p. 6.

16   Depuis la première dédicace, les fortunes de François d'Amboise avaient changé et dans l'Epître de 1611 Larivey montre beaucoup plus d'égards à son sujet. Comme le remarque M. J. Freeman, 'au lieu de la franche camaraderie de la première épître, on devine une certaine réticence de la part de Larivey. Celui qui avait signé sa lettre de 1579 "Vostre affectionné serviteur et meilleur amy" se contentera, en 1611, de se qualifier de "Vostre affectionné et très humble serviteur à jamais". Nuance, peut-être mais qui n'est pas sans importance' (Pierre de Larivey, *Les Esprits*, édition critique par M. J. Freeman, Textes littéraires, Exeter, 1978, p. xvi.).

souvenu de critiques formulées lors d'une représentation de la pièce. Selon le Chevalier de Mouhy, *Les Tromperies* et *Le Fidelle* auraient été joués en 1597 et *La Constance* en 1611, mais son témoignage, à presque deux cents ans d'intervalle, ne fait guère autorité.[17]

Il faut, malheureusement, se résigner à des suppositions. N'y a-t-il pas, pourtant, une certaine ironie dans le fait qu'en 1611 le genre de théâtre que Larivey proposait était déjà dépassé par la *commedia dell'arte* qui, également d'origine italienne, plaisait davantage au public français?

Des trois comédies de 1611, pourquoi choisir *Les Tromperies* de préférence aux deux autres? Nous partageons l'avis de nos prédécesseurs, qu'il s'agisse des Frères Parfaict, pour qui

Cette Piece est la plus passable des trois dernieres de la Rivey.[18]

ou de Luigia Zillia dont l'opinion est que

Seules *Les Tromperies* (tirées des *Inganni* de N. Secchi) évoquent encore la verve quelque peu égrillarde des premières œuvres.[19]

Les Tromperies et *Gl'Inganni*: La pièce de Larivey est basée sur *Gl'Inganni* de Nicolò Secco ou Secchi.[20] Il se peut que *Gl'Inganni* aient été composés pour être joués devant Philippe II d'Espagne lors de sa visite à cette ville en décembre 1548, en qualité de duc de Milan.[21]

---

17 Le Chevalier de Mouhy, *Abrégé de l'histoire du Théâtre françois*, 1780. Cité par L. Morin, *Les Trois Pierre de Larivey*, op.cit., pp. 69-70.

18 Les frères Parfaict: *Histoire du Theatre François*, Tome Quatrième, Paris, Le Mercier, 1745 (Slatkine Reprints, Genève, 1967), p. 160.

19 Pierre de Larivey: *Le Fidèle*, préface de Luigia Zilli, (Collection du répertoire, L'Illustre Théâtre) Paris, Cicero, 1989. p. xii.

20 Né sans doute dans une famille noble autour de 1509 à Montichiari, près de Brescia (République de Venise), Secco a fait ses études universitaires en même temps que Cristoforo Mandruzzo. Ce dernier est devenu par la suite archevêque de Trente et ayant embauché Secco comme secrétaire, l'a employé à plusieurs reprises à des fins diplomatiques. En 1545 il est nommé 'Capitano di Giustizia' à Milan. Pendant dix ans il exercera ses hautes fonctions jusqu'à ce qu'il soit congédié en 1555 pour des raisons politiques plutôt qu'à cause de son inaptitude. Il est mort en 1560 laissant derrière lui quatre comédies: *L'Interese* (Venise: Francesco Ziletti, 1581); *La Cameriera* (Venise: Cornelio Arrivabene, 1583); *Il Beffa* (Parme: Eredi di Seth Viotti, 1584) et *Gl'Inganni* (Florence: Giunti, 1562); quelques poèmes en latin et en italien et un *Dialogo dell'onore* qui n'a pas été retrouvé. (Ces renseignements viennent de l'introduction à l'édition critique de *Gl'Inganni*, préparée par Luisa Quartermaine, University of Exeter, 1980.)

21 C'est ce que laisse entendre la page de titre de la version imprimée de la pièce, *Gl'Inganni, Comedia del Signor N.S. Recitata in Milano l'anno 1547. dinanzi alla Maestà del Re Filippo. Nuovamente posta in luce. Con licenza e privilegio, In Fiorenza appresso i Giunti, MDLXII.* Mais comme l'a remarqué Luisa Quartermaine (op. cit., pp. XIV-XVII), non seulement il y a erreur de datation de la fête mais on s'est demandé aussi s'il ne s'agissait pas plutôt d'une autre pièce de Secco, *L'Interese*.

Il est intéressant de noter que Larivey ne cherchait pas à adapter les grands noms du théâtre italien. En 1579 et encore en 1611, il s'est contenté d'écrivains assez peu connus mais qui jouissaient d'une certaine célébrité en Italie au seizième siècle. Il est difficile de voir ce qui a dicté le choix de Larivey et d'établir un lien, à moins qu'il ne soit très lâche, entre les pièces qui entrent dans chaque recueil. S'agit-il tout simplement du hasard de l'achat? On a vu dans le nom de Larivey une traduction de 'i Giunti', la famille d'imprimeurs florentins,[22] thèse intéressante quand on constate que la pièce de Secco ainsi que celle de Girolamo Razzi (*La Constance/ La Gostanza*) ont été publiées par les Giunti et qu'une édition de la troisième dans le recueil de 1611, *Le Fidelle/ Il Fidele* de Luigi Pasqualigo, a été imprimée à Venise en 1589 par Francesco Ziletti qui avait également édité *L'Interesse* de Secco en 1581. Qu'en conclure? Rien de très certain, si ce n'est que Larivey, amateur de théâtre italien, se procurait les pièces en version originale. Si notre auteur les achetait en France, il n'y aurait rien d'étonnant à ce que les livraisons chez un libraire français contiennent plusieurs pièces de la même maison d'édition.

Gl'Inganni avaient déjà connu huit éditions avant 1611.[23] La pièce dont Larivey allait faire une adaptation était elle-même une adaptation de plusieurs œuvres de la comédie latine, à savoir une intrigue[24] qui vient en ligne directe du *Truculentus* et de l'*Asinaria* du Pseudo-Plaute, à laquelle Secco a ajouté quelques éléments de l'*Eunuchus* et de l'*Andria* de Térence pour transposer le tout dans un contexte contemporain — les rues du monde antique étant transplantées à Naples, la prose toscane suppléant le vers latin. Larivey n'avait pas besoin de se référer directement au théâtre classique lui-même car Secco avait absolument tout fait pour lui. Nous nous rappelons les observations de Montaigne à ce sujet:

> Il m'est souvent tombé en fantaisie comme, en nostre temps, ceux qui se meslent de faire des comedies (ainsi que les Italiens, qui y sont assez heureux) employent trois ou quatre argumens de celles de Terence ou de Plaute pour en faire une des leurs.[25]

22　Voir Y. Bellenger, *Pierre Larivey*, op.cit., p. 8.
23　Voir L. Quartermaine, op. cit., pp. XXV-XXVII.
24　Nous avons préféré ne pas faire d'analyse détaillée de la pièce pour que le lecteur puisse savourer la 'surprise' et les 'tromperies' que l'intrigue lui offre.
25　Michel de Montaigne, *Essais*, éd. Jean Plattard, Paris, Société Les Belles Lettres, Paris, 1947, II, 10, p. 115.

Le *Truculentus* a fourni à Secco le personnage du jeune homme amoureux d'une courtisane, objet des affections d'un militaire, à qui elle fait croire qu'elle a accouché de son enfant (*Gl'Inganni* II xi et *Truculentus*, surtout II i). Il lui est aussi redevable de l'énumération des qualités d'une courtisane (*Gl'Inganni* II iii et *Truculentus*, surtout I iii). C'est à l'*Asinaria* que l'on doit l'acte de prise de possession de la fille (*Gl'Inganni*, III ix et *Asinaria*, IV i) et la dernière scène de *Gl'Inganni* a son origine dans l'*Asinaria*, etc. Secco reprend donc à son compte la méthode de *contaminatio* adoptée par Térence et donne sa préférence à un langage 'naturel' en l'adaptant à l'italien sous l'influence du style de Boccace. Larivey fera ensuite de même pour transposer l'italien en français. Il y a des moments où Secco suit de très près le latin, par exemple:

Unum quodque istorum verbum nummis Philippis aureis

(Térence, *Asinaria*, I iii)

Vo' che mi vaglian tanti bei scudi queste tue bravate

(Secco, *Gl'Inganni*, I ii)

et, à son tour, Larivey suit Secco,

je veux que toutes ces tiennes bravades me vaillent autant d'escus au Soleil

(Larivey, *Les Tromperies*, I i).

En tant qu'adaptateur, Larivey révèle une certaine science de l'art et du théâtre. Bien qu'il ait simplifié en quelque sorte l'intrigue (en omettant, par exemple, les scènes avec le notaire que Secco avait empruntées à l'*Asinaria* de Plaute), il a peu modifié la structure de la pièce. S'il a fait des ajouts ou des excisions[26], c'est toujours dans le souci d'assouplir la progression dramatique. En plus du 'Prologo', il a entièrement supprimé neuf scènes alors qu'il en raccourcissait d'autres. Secco, selon la tradition italienne, a presque toujours marqué l'entrée ou la sortie d'un personnage par une nouvelle scène, tandis que Larivey a tendance à les grouper selon leur position dans le déroulement de l'intrigue, ce qui explique que dans *Les Tromperies* il n'y a que 36 scènes contre 59 dans *Gl'Inganni* (voir Appendice I).

En ce qui concerne les personnages, Larivey en a supprimé certains qui n'avaient qu'un rôle insignifiant et n'en a gardé que 17 sur les 23 de la version

---

26 Nous les avons indiquées dans les notes pour accompagner *Les Tromperies*; voir surtout Acte III Scène iii, IV ii et IV v.

italienne (voir Appendice II). Il a transformé les noms italiens en noms français, non seulement ceux des personnages mais aussi ceux des lieux lorsqu'une transposition de la pièce d'un milieu italianisant en milieu francisant s'imposait. Par exemple tout se déroule à Troyes et non pas à Naples, Anselme arrive d'Orléans et non pas de Gênes, il a été fait prisonnier en Bourgogne par des Huguenots et non pas près de la côte syrienne par des corsaires turcs (Prologue), le Capitaine s'est battu contre les Anglais et non pas les Turcs (II vi) et il attend un Angevin et non pas plusieurs Napolitains (IV i), etc. En somme, rien ne subsiste qui puisse trahir l'origine de la pièce et nous pouvons partager l'opinion de Gustave Attinger, à savoir que

> Larivey est bien, selon le précepte de Du Bellay, ce savant translateur qui fait plutôt office de paraphraste que de traducteur.[27]

Les Personnages: Comme l'a fait remarquer Jacques Peletier du Mans:

> La Comedie a été dite par Live Andronique, le premier Ecriteur de Comedies Latines, le miroir de la vie, par ce qu'en elle s'introduisent personnes populaires, desquelles faut garder la bienséance, selon la condition et état de chacune. C'est assavoir qu'il faut faire voir bien oculairement l'avarice ou la prudence des vieillards, les amours et ardeurs des jeunes enfans de maison, les astuces et ruses de leurs amies, la vilenie et deshonnesteté des maquereaux, la façon des pères tantot severes, tantot faciles, l'assentation et vileté des parasites, la vanterie et braveté d'un soudart retiré de la guerre, la diligence des nourrices, l'indulgence des mères.[28]

Les personnages des *Tromperies* sont bien conformes à cette description. Ils s'apparentent à ceux des comédies de Ménandre, de Plaute, de Térence, d'Arioste ou de Shakespeare. Le Capitaine, fanfaron impénitent, est un reflet de Pergopolynices dans le *Miles Gloriosus* de Plaute[29]; Bracquet, le parasite-flatteur qui l'accompagne, rappelle et le Gnathon du *Kolax* de Ménandre et le Gnatho de l'*Eunuchus* de Térence; Genièvre se déguise en jeune homme et devient Robert, tout comme Viola dans *la Nuit des Rois*, Constant se retrouve

27 Gustave Attinger, *L'Esprit de la Commedia dell'Arte dans le Théâtre Français*, Neuchâtel, 1950, p. 93.
28 Jacques Peletier du Mans, *Art Poétique*, 1555, Livre II, ch. vii, in H.W. Lawton, *Handbook of French Renaissance Dramatic Theory*, Manchester University Press, 1949, p. 50.
29 Voir Daniel C. Boughner, *The Braggart in Renaissance Comedy*, Minneapolis: The University of Minnesota Press, 1954, pp. 10-14.

dans une situation qui évoque celle du comte Orsino dans cette même pièce;[30] en tant qu'amoureux comique, Constant doit beaucoup à Pamphilus dans l'*Andria* de Térence; et quant à la complexité de l'intrigue amoureuse — Fortunat aime Suzanne qui aime Robert qui aime Constant qui aime Dorothée qui a deux autres amants — elle trouve son écho dans les comédies du théâtre antique et de la Renaissance, cf. *Un Songe d'une nuit d'été* (les rapports entre Hermia, Lysander, Helena et Demetrius).

Certaines nuances permettent pourtant de distinguer les personnages d'origine classique de ceux qui sont présentés comme citoyens du seizième siècle. N'étant plus des esclaves les domestiques sont à gages, et ceux-ci et leurs maîtres peuvent se permettre des remarques sur le contexte social et politique car ils n'évoluent plus dans le monde relativement stable de l'époque romaine. Bien que Larivey ait ajouté des références historiques, comme l'a fait Secco avant lui, ce qui permet à leurs spectateurs/ lecteurs de se repérer, qu'ils soient dans le Milan des années 1540 ou dans le Troyes de la dernière décennie du siècle, les personnages eux-mêmes, selon la technique de la *commedia erudita,* se conduisent dans des situations traditionnelles de façon non moins conventionnelle.[31] Dorothée, courtisane de son état, vit aux dépens des autres grâce à son charme et à son astuce — n'hésitant à tromper ni le Médecin ni le Capitaine — et ayant cependant l'air d'être vraiment amoureuse de Constant, sans toutefois perdre de vue les avantages de maintenir l'amitié du Capitaine au moment où elle apprend le mariage de celui qu'elle était censée aimer (V viii); Gillette, que l'on a jugée être la plus désagréable des 'entremetteuses' de l'époque,[32] est un bel exemple de 'la vilenie et deshonnesteté des maquereaux'; Robert, Constant et Fortunat en sont de ceux qui jouissent des 'amours et ardeurs des jeunes enfans de maison'; ajoutons que Fortunat, dont la destinée a un heureux dénouement et Sévérin, père strict et irascible, auraient été immédiatement identifiés par le public par suite de leur nom. Tout aussi reconnaissables étaient le capitaine hâbleur, le parasite lâche

---

30 Cf. *Les Tromperies*, I v et *La Nuit des Rois*, I iv.
31 'Autour du trio central se font face, du côté de la courtisane, le monde de l'amour vénal avec ces aspects caricaturaux et farcesques, et du côté de l'amoureuse travestie l'honorable maison où elle sert et que bouleverse l'accouchement inexplicable, mélodramatique, de l'héritière,' Guy Degen, 'Une leçon de théâtre: les neuf comédies franco-italiennes de Pierre de Larivey', in Y. Bellenger, *Pierre Larivey*, op. cit., p. 23 n. 17.
32 Voir Catherine Campbell, *The French Procuress. Her Character in Renaissance Comedies*, New York: P. Lang, 1985, 123-129, p. 129.

(Bracquet) et le médecin qui, comme le Harpagon de Molière, se rend ridicule en permettant à sa passion de faire fi de la vieillesse. Comme dit Charles Mazouer, de tels personnages

> veulent oublier leur âge, leurs misères physiques et leur décrépitude, qui feraient obstacle à la passion. On les voit même devenir coquets pour se rendre plus aimables: [...] le Médecin fait nettoyer sa robe et ses souliers (cf. Acte I sc. iii).[33]

Parmi les autres personnages, qu'il s'agisse de domestiques ou de confidents, il n'y a qu'Adrian qui mérite d'être signalé, car nous pouvons discerner en lui les signes d'un 'meneur d'intrigue', signes caractéristiques d'un valet dans les comédies des dix-septième et dix-huitième siècles.[34]

Ces personnages si transparents relèvent bien de la *commedia erudita* et plus ils sont prévisibles, plus l'intrigue a tendance à être complexe. Le public, prévenu dès le prologue de ce qui va se passer, tire sa satisfaction et son divertissement d'une part des machinations des personnages pour sortir des situations dans lesquelles ils se trouvent, et d'autre part de la verve du dialogue. Tout le monde est trompé dans les *Tromperies*, y compris le public car la fin de la pièce se termine par une dispute farcesque tandis que l'on se serait attendu à un dénouement beaucoup plus classique, à savoir une invitation au public non seulement à applaudir mais à le faire en honneur d'un mariage ou d'une fête quelconque.[35]

Le langage des *Tromperies*: Dès 1579 dans son 'Epistre à Monsieur d'Amboise', Larivey s'est cru obligé de défendre l'utilisation de la prose plutôt que des vers dans ses adaptations. S'il suit l'exemple de son modèle italien et non celui de Térence ou de Plaute, c'est parce qu'il lui a semblé que

> le commun peuple, qui est le principal personnage de la scene, ne s'estudie tant à agencer ses paroles, qu'à publier son affection qu'il a plutost dicte que pensee.[36]

---

33 Charles Mazouer, *Le personnage du naïf dans le théâtre comique du Moyen-Age à Marivaux*, Paris, 1979, p. 100. Voir aussi pp.105-107 l'analyse des rapports entre Dorothée et le Capitaine.
34 Voir surtout Acte III v et IV ii.
35 Voir R. Lebègue, *Le théâtre comique en France de Pathelin à Mélite*, Paris, 1972, p. 89.
36 Pierre de Larivey, *Les Six Premieres Comedies*, Paris, Abel L'Angelier, 1579, aiii[r] et dans H. W. Lawton, op. cit., p. 76.

Sans doute partageait-il aussi l'avis de Charles Estienne qui justifia sa traduction d'une pièce de Térence en prose et non pas en vers en disant:

> Je ne l'ay point mise en rithme pour deux causes: L'une, pour autant que la liberté d'ung traducteur, tel que les Graecz appelloient Paraphraste (c'est-a-dire, qui rend le sens, la phrase, & l'esprit d'une matiere, sans contrainte du langaige) facilement se pert soubz la subjection du vers: L'aultre à cause que vous avez en ce royaulme grandement des bons rithmeurs, lesquelz facilement apres ceste premiere traduction, la pourront mettre en meilleure rithme, que je ne sçauroye faire.[37]

Gl'Inganni étaient en prose et, dans les *Tromperies*, Larivey a déployé tout son talent pour capter la vivacité et la couleur des paroles du 'commun peuple'. Il se rendait bien compte qu'il y avait un décalage non seulement entre la comédie classique et celle de son époque, mais aussi que les choses pouvaient évoluer en l'espace d'une génération.

> Autres veullent que comme les aages sont variables, et different l'un de l'autre, et d'autant qu'aujourd'huy l'on n'use des mesmes choses dont l'on usoit il y a vingt ans: qu'ainsi les modernes Comedies ne doivent estre pareilles à celles qui estoient il y a mil six cens ans passez et plus, nostre vivre n'estant pareil au leur.[38]

Pour lui, l'important était que 'les comedies soient faictes pour instruire, et encore pour donner plaisir'.[39] Tous les critiques s'accordent pour louanger son style. Comme dit Pierre Voltz,

> tout en copiant son modèle, il sait trouver la phrase française qui ait une allure naturelle et un rythme de théâtre.[40]

C'est vrai qu'il suit l'italien de très près, mais lorsqu'il s'agit de dialecte ou de jargon, Larivey fait des coupures: par exemple, il omet la scène v de l'Acte III où le Facchino de *Gl'Inganni* parle un dialecte de Bergame, et la scène iii de l'Acte III où des notaires pérorent en tournures juridiques.

Larivey semble privilégier l'énumération en accord avec le goût de son époque. Pour traduire les cinq substantifs de l'italien,

> Ve li dirò io: dispetti, ingiurie, guerre, tregue, paci (*Gl'Inganni*, I ix)

---

37 Charles Estienne, *Premiere Comedie de Terence, intitulée l'Andrie*, Paris, Andry Roffet, 1542, f. a iii[r].
38 Pierre de Larivey, *La Constance*, Troyes, 1611, Prologue, ff. 3[v]-4[r] et dans H. W. Lawton, op. cit., p. 78.
39 Ibidem, f. 4[v] et Lawton, p. 79.
40 Pierre Voltz, *La Comédie*, Paris, 1964, p. 38.

il va se servir de dix en français:

> je le vous vas dire. Ce sont despits, injures, querelles, soupçons, jalousie, inimitiez, reconciliations, treve, guerre, et paix (*Les Tromperies*, I iv).

Le brio du texte ne vient pas des répétitions de phrase[41] ni des jeux de mots[42] mais de l'emploi d'expressions imagées. Comparons les tournures suivantes:

> Mancato il denaro, il favor se n'è ito in fumo, eh? (ed. cit., p. 7)
> Et maintenant que je n'ay pas un double rouge mes faveurs se sont esvanouyes en fumée (p.10)

> bisogna ch'io non lassi cosa intentata (p. 8)
> il faut que j'employe le vert et le sec (p. 11)

> e vedrete che fanno a gara chi può meglio piangere (p.75)
> et vous verrez qu'ils pleurent à qui mieux mieux (p. 73)

> E noi beiamo vin con la muffa (p.86)
> Et nous, beuvons du ripoppé (p. 86)

où éclate le don de Larivey, lui permettant de reproduire un ton populaire.

Il lui arrive aussi de savoir exprimer le pathétique dans des moments d'émotion intense (voir I ii, III iii, IV iiii et V iiii), mais parfois, il ne réussit pas à rendre toute la force de l'italien: citons à titre d'exemple, 'O petit meschant' (p. 26) pour 'O Nerone' (p. 22) ou 'Voila de bon vin' (p. 86) pour 'o gentil moscatello' (p. 86) où la version originale est beaucoup trop évocatrice, et de temps à autre il lui arrive de s'éloigner du texte.[43] On pourrait lui reprocher de résumer trop succinctement, de sorte que la verve de l'original soit atténuée. Par exemple,

> nel tal loco vi dissi in quel proposito, vi mottegiai, voi mi spauriste, io mi ritirai, nel tal tempo ritentai, voi v'adiraste, ve le dissi più chiaro nel tal luoco (p.75)

---

41 Voir Robert Garapon, *La fantaisie verbale et le comique dans le théâtre français du moyen âge à la fin du XVIIè siècle*, Paris, 1957, p. 130.
42 Voir nos annotations du texte.
43 Voir, par exemple, page 39, notes 122-125.

luy remettant en memoire tout ce qu'ils ont fait et dit par ensemble (p. 73)
Mais ce qu'il ajoute au texte n'est-il beaucoup plus important que ce qu'il lui
enlève!

Un trait stylistique sur lequel nous ne nous sommes pas encore attardés est
la traduction des sentences ou proverbes de *Gl'Inganni*. Ces sentences, qui
rappellent les sentences morales des tragédies du seizième siècle, ajoutent un
ton tout à fait spécial aussi bien à la version originale qu'à celle de Larivey.
Celui-ci, d'ailleurs, en tant que partisan de la comédie humaniste, cherchait à
s'éloigner de la comédie par trop grossière. Dans le prologue de *La Vefve* de
1579 déjà, il avait souligné l'aspect moral de la comédie:

> si les autres spectacles delectent et sont propres à la jeunesse, cestuy-cy
> delecte, enseigne, et est propre aux jeunes, aux vieux, et à un chacun. Et si
> les autres monstrent la dexterité du corps, cestuy-cy monstre la dexterité de
> l'esprit: [...] ainsi est belle la Comedie, si premierement la fable est
> embellie par industrieuses tromperies et gaillards et improveuz evenemens,
> puis tissue de graves et plaisans discours plains de sentences comparaisons
> metafores, railleries, et promptes et aigues responses, non d'inepties qui,
> comme choses goffes et peu honnestes font rire les ignorans, mais d'une
> modeste gayeté et soigneuse prudence qui emeuvent encores les plus
> doctes.[44]

Une telle distinction est fort intéressante. On critique peut-être à tort Larivey
d'avoir adapté des pièces parfois un peu grivoises où il s'agit de courtisanes,
de maquerelles, et de rapports sexuels avant le mariage ou extra-conjugaux.[45]
On oublie trop souvent que nos ancêtres avaient un sens de l'humour plus
large et que l'attitude hypocrite vis-à-vis de l'esprit dit gaulois, quoiqu'elle fût
en élaboration, était loin d'être aussi marquée à l'époque de Larivey. Les
comédies humanistes qu'il adaptait se distinguaient des farces grossières par la
subtilité de l'intrigue ainsi que par la finesse de l'esprit. Le fait qu'aucun des
personnages ne soit 'puni' à la fin ne choquait personne, car tous ont cherché à
tromper autrui et tous en ont subséquemment souffert, d'une façon ou d'une
autre. Le côté moral n'est pas tout de suite évident dans le déroulement de la

---

44 Voir P. de Larivey, *La Vefve*, 1579, ff. 54ᵛ-55ʳ et H.W. Lawton, op.cit., pp.77-78.
45 Cf. La remarque d'Emile Chasles dans *La Comédie en France au seizième siècle*, Paris: Didier, 1862, p.132:
'Cette [...] pièce n'est ni la meilleure, ni la plus chaste du théâtre de Larivey. La donnée seule l'oblige à une
licence d'expressions et d'idées qui ôte à la comédie une partie de son charme.'

pièce mais il se voit plutôt dans son effet global. Comme l'a fait remarquer
Marie-Claude Canova:

> la comédie, telle que l'entendent nos humanistes nourris à l'école de
> l'Antiquité, a un but didactique et moral, qui vient s'ajouter à la valeur de
> divertissement. La représentation offerte doit permettre d'approfondir la
> connaissance de l'homme et offrir des règles de conduite.[46]

Les sentences et 'proverbes' renforçaient en quelque sorte le but didactique de
la pièce. Leur importance avait été soulignée par François d'Amboise (dont
Larivey cherchait la protection) dans la *Préface* des *Néapolitaines*. Il y a fait
remarquer que dans une pièce il fallait chercher:

> la gentillesse de l'invention, le bel ordre, la diversité du subject, les sages
> discours, les bons enseignemens, sentences, exemples, & proverbes, les
> faceties, & sornettes.[47]

Dans l'ensemble il ne s'agit pas de 'proverbes' proprement dits[48] mais
d'épigrammes ou de petits poèmes émaillés de boutades. Larivey semble
privilégier les octosyllabes pour traduire l'italien et même en suivant le texte
de très près, il arrive souvent à faire quelque chose de nouveau et d'enlevé.
Comparons cet échange de propos entre Constant et la maquerelle, Gillette,
dans la première scène de la pièce:

> Ruffiana: Quanto m'hai dato è già posto in oblio;
>   Se moneta non hai vatti con Dio.
> Gostanzo: Mentre ti dei, tu mi tenesti un Dio.
>   Et or che più non ho, vengo in oblio.
> Lo sdegno ch'ho teco, porca, mi fa poeta.(*Gl'Inganni*, I ii)

> **GILLETTE:** *Tout cela que donné tu m'as,*
>   *Est eschappé de ma memoire,*
>   *Si argent en bource tu n'as,*
>   *Adieu, de toy je n'ay que faire.*

> **CONSTANT:** *Lors que du mien je t'ay fait part,*

---

46 Marie-Claude Canova, *La Comédie*, Paris, 1993, p. 49.

47 François d'Amboise, *Les Neapolitaines*, Paris, 1584, p. 3ᵛ.

48 R. Cotgrave (*A Dictionarie of the French and English Tongues*, London, 1611), en cite pourtant au moins
deux (voir nos annotations du texte).

> *Tu m'as adoré comme un Dieu,*
> *Mais or' que je n'ay pas un liard,*
> *Me chassant tu me dis Adieu.*
> Le mal talent que je te porte, grosse truye, me fait Poëte. (*Les Tromperies*,
> I i)

Ailleurs il peut être question de sentiments plus nobles; tel est le cas lorsque Dorothée plaide auprès de sa mère pour avoir le droit d'aimer qui elle veut, à savoir Constant:

Dorotea: Beati quel ch' in volontario laccio,
> Felicissimo amor sì forte annoda,
> Che né tempo, né rissa mai li snoda,
> Ma in pace muore l'un a l'altro in braccio. (*Gl'Inganni*, IV viii)

DOROTHEE: Bien-heureux ceux qu'amour tient enlacez,
> Bien fortement d'un Lyen volontaire,
> L'effort du temps ne le sçauroit deffaire,
> Ains meurent unis, l'un et l'autre embrassez.
> (*Les Tromperies*, IV v)

Utilisant le décasyllabe, l'auteur français a cette fois réussi à reproduire la rime et à donner au quatrain un rythme languissant et un certain air pathétique. Les 'proverbes' ajoutent un je-ne-sais-quoi au ton de la pièce car ce mélange de prose et de rime surprend, et accentue l'allure du dialogue. Larivey y montre en outre son étonnante capacité de saisir, de reproduire et d'embellir la force de l'italien. Comme Madeleine Lazard l'a si bien noté: 'Ses traductions sont exactes et précises. Mais il transpose si adroitement ses modèles, il a un sens si sûr du génie des deux langues et des ressources du langage parlé qu'il ne donne jamais l'impression de traduire.'[49]

Le langage des *Tromperies* mériterait une étude à part. Le texte nous offre maints exemples de constructions et de tournures intéressantes sur le plan grammatical, syntactique et lexical. Nous nous sommes bornés, pourtant, à ne

---

49 Madeleine Lazard, *Le théâtre en France au XVIe siècle*, Paris, 1980, p. 187.

signaler dans nos annotations que certaines expressions qui sortent de l'ordinaire et qui pourraient présenter des difficultés pour le lecteur moderne.

Les Tromperies **au théâtre**: Rien ne peut prouver que les comédies de Larivey aient été mises en scène de son vivant.[50] En l'absence de preuve, faut-il conclure qu'il s'agit d'un genre de 'théâtre dans un fauteuil'? Faut-il se dire que les pièces étaient adaptées pour être lues plutôt que jouées ou, tout au plus, qu'elles faisaient l'objet d'une lecture dramatique devant un public restreint? Larivey leur prêtait-il sa voix au château de Pougy, demeure aux environs de Troyes appartenant au Duc François de Luxembourg, à qui il a dédicacé sa traduction des *Divers Discours* de Laurent Capelloni?[51] Nous savons, toutefois, que Larivey cherchait à se faire connaître de son illustre voisin, à qui, en 1595, il n'avait pas encore eu 'cest heur de [...] faire quelque humble & agreable service'.[52] Néanmoins, tout ce que l'on pourra dire au sujet d'une éventuelle lecture dramatique devant le duc restera conjectural.

Les historiens du théâtre constatent qu'à partir des années 1590, la *commedia erudita* céda la place à la *commedia dell'arte*, la comédie humaniste étant réservée aux lettrés:

> Il est difficile de l'affirmer, mais on ne trouve en tout cas aucune trace des représentations autres que privées. Les auteurs ont renoncé à conquérir le grand public: la comédie est devenue un divertissement de lettrés.[53]

Il n'en reste pas moins qu'en lisant la pièce de Larivey, on a l'impression qu'il l'avait traduite pour qu'elle soit jouée. *Les Tromperies* maintiennent et même rehaussent les qualités théâtrales que l'on découvre dans *Gl'Inganni* dont il y eut une représentation à Milan en 1548 ou en 1551.[54]

Guy Degen s'est penché sur le décor qui conviendrait aux pièces de Larivey; son opinion est qu'il fallait:

> un décor praticable dans les trois dimensions, une perspective illusionniste de façades, avec portes et fenêtres, et, au centre, un plateau, une place

---

50 Voir supra, note 17. Les hypothèses du Chevalier de Mouhy ne font guère autorité.
51 *Divers Discours*, Troyes, Jean le Noble, 1595. Voir L. Morin, *Les Trois Pierre de Larivey*, op.cit., pp. 67-68. Notons que François d'Amboise avait dédié les *Néapolitaines* à Charles de Luxembourg, comte de Brienne et de Ligny, en 1584.
52 *Divers Discours*, op. cit., f. a ii[v].
53 P. Voltz, op. cit., p. 34.
54 Voir N. Secco, *Gl'Inganni*, éd.cit., pp. XVI-XVII.

publique, que desservent plusieurs rues, l'une dans l'axe de la scène, les autres ménagées latéralement entre les dièdres des châssis [...]; dans *Les Tromperies* la pointe du triangle au fond du théâtre est la place toute désignée pour la maison où le héros et l'héroïne subissent dos à dos leur épreuve, alors qu'au premier plan, prêtes à des scènes de comique tapageur, se font signe la maison scandaleuse et celle du vieux médecin son habitué qui doit, à la différence du militaire de passage, avoir, lui, pignon sur rue.[55]

Notons que cette analyse de l'espace théâtral des *Tromperies* est en accord avec la description que fournit Charles Estienne de la 'Scene comique':

La Scene comique, les edifices desquelz sailloient les joueurs, estoient faictz en villaige, à petites maisonnettes, ou bien bastimentz communs, avec fenestraiges à la mode commune: car selon l'argument on faisoit l'aornement de la Scene: & aux costez desdictes maisons y avoit des yssues faictes comme petites rues ou allées vuydes sans huysserie, comme ruelles: à l'une desquelles alloient les joueurs, quand ilz se vouloient retirer au marché: de l'aultre ilz retournoient, quand ilz venoient de la ville ou d'aultre lieu, que de leur logis. Au meilleu [sic] y avoit ung grand portail divisé en deux, pour aornement & à plaisir.[56]

Que son théâtre ait été joué ou non, il n'en reste pas moins que Pierre de Larivey a eu une influence bénéfique sur l'évolution de la comédie en France.[57] Grâce à la finesse de sa 'fantaisie verbale' et de ses adaptations, il a pu servir de modèle à Molière,[58] et nous espérons que cette édition des *Tromperies* permettra à d'autres de mieux apprécier le génie de cet ancien chanoine de Troyes et d'en faire l'objet de leurs recherches sur le théâtre et sur la langue au seizième siècle.[59]

---

55 Guy Degen, art.cit., pp. 30-31.
56 Charles Estienne, *Premiere Comedie de Terence*, op.cit., 'Epistre du Translateur', sans pagination.
57 'Par le style [...] Larivey est un écrivain original; il crée en France une langue comique' (E. Chasles, op.cit., p. 116)
58 Voir M. Lazard, *Le théâtre en France au XVIe siècle*, op.cit., p. 188.
59 En dehors de l'édition de 1611, *Les Tromperies* n'ont été publiées que dans l'*Ancien théâtre françois*, pub. par M. Viollet-le-Duc, Paris, 1854-1857, volume 8, pp. 5-105.

ETABLISSEMENT DU TEXTE

Nous avons pris pour base de cette édition l'exemplaire des *Tromperies* à la British Library à Londres, cote 163. b. 27. LES/ TROMPERIES/ COMEDIE./ Par Pierre de Lariuey/ Champenois./ A TROYES,/ Chez PIERRE CHEVILLOT,/ l'Imprimeur du Roy./ M.DC.XI. in- 12, 78ff.

Nous l'avons comparé avec les exemplaires de la Bibliothèque Nationale et de la Bibliothèque de l'Arsenal à Paris et nous avons constaté que tous les textes sont du même tirage. Pierre Chevillot, imprimeur du Roy à Troyes, a dû imprimer les trois comédies, dites nouvelles, séparément et en recueil, en leur donnant deux pages de titre appropriées aux divers libraires, à savoir:

TROIS/ COMEDIES DES SIX DERNIERES/ de Pierre de Lariuey/ Champenois./ A l'imitation des ançiens Grecs/ Latins & Modernes/ Italiens./ A SÇAVOIR:/ *La Constance. Le Fidelle./ Et les Tromperies.* [Vignette] A TROYES,/ Par PIERRE CHEVILLOT,/ l'Imprimeur du Roy./ M. DC XI. [-in 12, BN: Yf 2071-YF 2073; Arsenal: 8° B.L. 12.617[1], 8° B.L. 12.618, RF 1346, G.D. 944]

et

TROIS/ NOVVELLES/ COMEDIES DE/ PIERRE DE LA-/ RIVEY, CHAMPENOIS./ A l'imitation des anciens Grecs, La-/ tins, & modernes Italiens./ A sçavoir {LA CONSTANCE,/ LE FIDELLE,/ ET/ LES TROMPERIES./} [Vignette.]/ Imprimé à Troyes,/ *Et se vendent à Paris./* Chez{La veufue Iean du Brayet,/ IEAN DE BORDEAULX,/ ET/ Claude de Roddes} En la/ Cour/ du Pa/lais./ M.DC. XI. [in-12, BN: Rés. Yf 2970-YF 2971]

On peut se demander, d'ailleurs, si les trois pièces ont jamais paru dans un même volume, car aucun recueil ne relie les pièces dans l'ordre signalé sur la page de titre. Il s'agit toujours de *La Constance* suivie des *Tromperies* et du *Fidelle* [60]à part. Chaque pièce a également une pagination indépendante.

Nous avons tenu à respecter le plus possible l'orthographe et la ponctuation de la première édition. Nous avons indiqué entre crochets les éventuelles modifications de la ponctuation. Nous avons pourtant suivi la convention contemporaine en réalisant les *i* et *u* consonantiques en *j* et *v*. Nous avons

---

[60] Certains exemplaires du *Fidelle* portent aussi le nom d'un autre libraire parisien; LE/ FIDELLE,/ COMEDIE./ *Par Pierre de Lariuey/ Champenois./* [Vignette] A TROYES,/ Par PIERRE CHEVILLOT,/ l'Imprimeur du Roy./ Et se vendent à PARIS,/Chez NICOLAS ROVSSET./ M. DC. XI. [in-12, Arsenal: 8° B.L. 12.617[2], RF1346, G.D. 944]

également remplacé, le cas échéant, les orthographies suivantes: *à* par *a*, *c'est* par *cest*, *és* par *es*, *la* par *là*, *n'y* par *ny*, *qu'elle* par *quelle*, voyelle + ~ par voyelle plus consonne nasale (feme — femme), et nous avons ajouté des traits d'union entre le verbe et un pronom en postposition. Pour en faciliter la lecture nous avons mis le nom des interlocuteurs là où la première édition ne les indiquait que par leur lettre initiale.

LIS TROMPERIES

C. Attenvn peu.

R. Ie ne puis.

DE L'ACTE V.

SCENE IIII.

Regnier. Anselme. *Vieillards.*

IE croy par l'effect, que celuy qui premier trouua l'art de la guerre auoit l'estomac de fer, & l'esprit de feu, & hazarda sa vie à la mercy de plusieurs & diuerses sortes de morts. Que maudite soit la rebellion, & les fauteurs d'icelle, car tous nos malheurs viennent de là. IESVS, combien d'incommoditez, combien de perils ay ie encouruz à ceste occasion, la pensée seulement m'en fait venir l'eau au front. Ie ne suis pas ce me semble encores bien asseuré, côbien que ie sois entre tant d'honnestes personnes. An. Ie pense qu'on ne sçauroit trou-

Reproduction d'une page de l'édition de 1611.
Acte V Scène IIII.

BIBLIOGRAPHIE

ATTINGER, GUSTAVE *L'Esprit de la Commedia dell'Arte dans le Théâtre Français*, Paris: Librairie Théâtrale, 1950.

BELLENGER, YVONNE *Pierre de Larivey, Champenois, chanoine, traducteur, auteur de comédies et astrologue* (1541-1619), prés. par Yvonne Bellenger, Paris: Klincksieck, 1993.

BOUGHNER, DANIEL C. *The Braggart in Renaissance Comedy*, Minneapolis: The University of Minnesota Press, 1954.

CAMPBELL, CATHERINE *The French Procuress. Her Character in Renaissance Comedies*, New York: P. Lang, 1985.

CANOVA, MARIE-CLAUDE *La Comédie*, Paris: Hachette, 1993.

COTGRAVE, RANDLE *A Dictionarie of the French and English Tongues*, London: Adam Islip, 1611 et 1632. (C)

ESTIENNE, CHARLES *Premiere Comedie de Terence, intitulée l'Andrie*, Paris: Andry Roffet, 1542.

FURETIERE, ANTOINE *Dictionnaire universel* (La Haye et Rotterdam, 1690), Genève: Slatkine Reprints, 1970. (F)

GARAPON, ROBERT *La fantaisie verbale et le comique dans le théâtre français du moyen âge à la fin du XVIIè siècle*, Paris: A. Colin, 1957.

GODEFROY, FRÉDÉRIC *Dictionnaire de l'ancienne langue française et de tous ses dialectes du IXe au XVe siècle*, Paris: Vieweg, 1881-1902 (G)

HUGUET, EDMOND *Dictionnaire de la langue française du seizième siècle*, Paris: Champion, 1925-1967. (H)

KNECHT, R. J. *The French Wars of Religion, 1559-1598*, Harlow: Longman, Seconde édition, 1989.

LARIVEY, PIERRE de *Ancien théâtre françois*, pub. par M. Viollet-le-Duc, Paris: P. Jannet, 1854-1857, volume 8.

LARIVEY, PIERRE de *Le Fidèle*, préface de Luigia Zilli (Collection du répertoire, L'Illustre-Théâtre), [Paris]: Cicero, 1989.

LARIVEY, PIERRE de *Le Laquais*, édition critique par Madeleine Lazard et Luigia Zilli, Paris: Nizet, 1987.

LARIVEY, PIERRE de *Les Esprits*, édition critique par M. J. Freeman, Textes littéraires, Exeter, 1978 (et Genève: Droz, 1987).

LAWTON, H.W. *Handbook of French Renaissance Dramatic Theory*, Manchester: Manchester University Press, 1949.

LAZARD, MADELEINE *Le théâtre en France au XVIe siècle*, Paris: P. U. F., 1980.

LEBÈGUE, RAYMOND *Le théâtre comique en France de Pathelin à Mélite*, Paris: Hatier, 1972.

MAZOUER, CHARLES *Le personnage du naïf dans le théâtre comique du Moyen-Age à Marivaux*, Paris: Klincksieck, 1979.

MORIN, LOUIS *Histoire corporative des artisans du livre à Troyes*, Troyes: Paul Nouet, 1900.

MORIN, LOUIS *L'imprimerie à Troyes pendant la Ligue*, Paris: H. Leclerc, 1912.

MORIN, LOUIS *Les Trois Pierre de Larivey; biographie et bibliographie*, Troyes: J.L. Paton, 1937.

NICOT, JEAN *Thresor de la langue francoise, tant ancienne que moderne* (Paris: David Douceur, 1621), Paris: Picard, 1960. (N)

OUDIN, ANTOINE *Recherches Italiennes et Françoises ou Dictionnaire*, Paris: A. de Sommaville, 1640.

PARFAICT, LES FRÈRES *Histoire du Theatre François*, Tome Quatrième, Paris, Le Mercier, 1745 (Slatkine Reprints, Genève, 1967).

SAINTE-PALAYE, LA CURNE DE *Dictionnaire historique de l'ancien langage français*, Niort: Favre, et Paris: Champion, 1875-1882. (S-P)

SALMON, J. H. M. *Society in Crisis: France in the Sixteenth Century*, London: Benn, 1979.

SECCO, N. *Gl'Inganni, Comedia del Signor N.S. Recitata in Milano l'anno 1547. dinanzi alla Maestà del Re Filippo.* Nuouamente posta in luce. Con Licenza et Privilegio, In Fiorenza appresso i Giunti, MDLXII.

SECCO, N. *Gl'Inganni,* édition critique par Luisa Quartermaine, Exeter: University of Exeter, 1980.

STEFANO, G. di *Dictionnaire des locutions en moyen français*, Montréal: CERES, 1991. (S)

TOLDO, P. 'La Comédie française de la Renaissance', *Revue d'Histoire littéraire de la France*, 1897-1900.

TOSCAN, J. *Le Carnaval du Langage. Le lexique érotique des poètes de l'équivoque de Burchiello à Marion (XVe-XVIIe siècles)*, (Thèse, Paris III), Lille: Presses universitaires, 1981.

LES

TROMPERIES

COMEDIE.

Par Pierre de Larivey
Champenois.

A TROYES,

Chez PIERRE CHEVILLOT,*
l'Imprimeur du Roy.**

_____

M. DC. XI.

[EPISTRE][1]

[2ʳ] A MESSIRE FRANÇOIS D'AMBOISE, *Chevalier, Seigneur d'Hemery, Malnouë et Courserain, Conseiller du Roy en son Conseil d'Estat et privé, Maistre des Requestes Ordinaires de son hostel.*[2]

MONSIEUR,

5   Me trouvant ces jours passez avoir plus de loisir que de coustume, pour ne demeurer trop paresseux, et affin de mesnager le temps, me print envie d'agencer un peu de livres que j'ay en mon estude, pour plus aysément m'en ayder au besoin, et les tenant les uns apres les autres pour les ranger d'ordre selon mon in-[2ᵛ]tention, je trouvay de fortune entre quelques brouillards
10   et manuscripts six petits enfans,[3] je veux dire six Comedies toutes chargées de poussiere, mal en ordre, et ayans quasi leurs habits entierement rompus et deschirez, dont il me print grande compassion. Qui fut cause que les ayant recueilliës entre mes mains, je les revisite pour sçavoir si elles n'avoient point quelque mal qui les empeschast de se monstrer au monde,
15   et n'y trouvant rien (ce me sembloit) qui peust offenser personne, j'ay tasché de les r'abiller le mieux qu'il m'a esté possible, à la façon de ce pays

---

*'Pierre Chevillot, imprimeur d'une édition de l'*Edict et déclaration du Roy sur la reduction de la ville de Troyes*, en 1594, avait commencé par travailler à Paris où, de 1587 à 1594, il donna nombre de pièces relatives aux affaires du temps. Selon Georges Lepreux (*Gallia typographica*, II, p. 88 et Doc. pièces 258), il imprimait depuis quinze ans dans la capitale quand il vint s'établir à Troyes en qualité d'imprimeur du roi, titre dont il avait reçu, à la date du 5 mars 1594, un brevet qui lui fut confirmé par lettres patentes du 20 mars 1596. Il est mort vers 1635' (Louis Morin, *L'Imprimerie à Troyes*, op. cit., p. 29). C'est Pierre Chevillot qui avait publié la traduction faite par Larivey des *Trois Livres de l'Humanité de Jesus-Christ* (Troyes, 1604) de Pierre de l'Arétin et celle des *Veilles* de Barthélemy Arnigio (Troyes, 1608). Voir Louis Morin, *Les Trois Pierre de Larivey*, op.cit., p. 20.

** 'L'*Imprimeur du Roi* était spécialement autorisé, à l'exclusion de tous autres, à imprimer, vendre et débiter, dans la ville où il résidait, tout ce qui concernait le service de Sa Majesté, comme les édits, déclarations du roi, lettres patentes, ordonnances, arrêts de son conseil et les actes émanés de ses officiers. Il n'y en avait généralement qu'un par ville, mais on en trouve aussi deux ou plus, ainsi que des "Libraires du roi" ' (Louis Morin, *Histoire corporative des artisans du livre à Troyes*, Troyes: Paul Nouet, 1900, p. 131). En 1611, en plus de Pierre Chevillot, Jean et Nicolas les Oudot se disaient 'imprimeurs du roi' (Ibidem, p. 135). Morin rapporte que le 24 avril 1598 Pierre Chevillot avait été condamné par une sentence du prévôt de Paris, 'pour avoir mis en un livre par lui imprimé: *Parisiis*, apud *Johannem de Hucqueville*, à deux écus d'amende et aux dépens, taxés trois écus, de plus le premier feuillet du livre sera biffé et déchiré, puis refait par lui' (Ibidem, p. 159).

1   Cette épître est imprimée en tête de volume dans *Trois Comedies des six dernieres*, Troyes, 1611, de Pierre de Larivey et dans *Trois nouvelles Comedies*, Paris, 1611. Voir notre Etablissement du texte.

2   François d'Amboise, fils de Jean d'Amboise, chirurgien des rois François Ier, Henri II, François II, Charles IX et Henri III, naquit à Paris en 1550. Il devint avocat et accompagna le futur Henri III en Pologne. Il occupa plusieurs postes dans la magistrature, fut nommé maître des Requêtes en 1596 et conseiller d'Etat en 1604. Il mourut en 1619. (Voir M. Michaud, *Biographie universelle*, Paris, A. Thoisnier Desplaces, 1843.) Auteur de plusieurs pièces dont une seule subsiste. (Voir notre introduction, p. V.) Son biographe (Dante Ughetti, *François d'Amboise (1550-1619)*, Rome: Bulzoni, 1974) maintient que Larivey a été en Pologne en même temps que d'Amboise (p. 137).

3   A l'instar de Montaigne, Larivey traite ses pièces d'enfants spirituels ou nés de ''acointance des muses' (*Essais*, II, iv).

pour vous les envoyer (moy n'ayant icy la puissance de les deffendre des brocards des mesdisans) et vous supplier bien humblement, puis qu'avez esté [3r] le Parrain et protecteur de mes six premieres,[4] d'estre aussi Parrain et protecteur de ces six dernieres qui vous tendent les bras. Dont en voici
5   les trois premieres qui marchent devant.[5] Vous les recevrez donc s'il vous plaist en vostre tutelle comme pauvres desolées qu'elles sont, et les embrasserez et leur servirez de bouclier contre tous ceux qui les voudroient diffamer, et faire quelque bresche à leur bonne volonté et sincere affection.[6] L'esperance que j'ay qu'en cet endroit prendrez la deffense de
10   ces pauvres enfans abandonnez et presque orfelins, me fait vous supplier les recevoir d'aussi bon cœur que je les vous presente, et me tenir tousjours pour

Vostre affectionné et tres-humble serviteur à jamais[.] *Pierre de Larivey.*[7]

---

4   Voir l'épître 'A Monsieur d'Amboise advocat en Parlement' dans *Les Six premieres Comedies facecieuses de Pierre de Larivey ,Champenois*, Paris, Abel l'Angelier, 1579, aiir-aiiiiv. Cette épître se trouve aussi dans H. W. Lawton, *Handbook of French Renaissance Dramatic Theory*, op.cit., pp. 75-77.
5   Il s'agit des trois pièces imprimées dans *Trois Comedies des six dernieres* , Troyes, 1611, c'est-à-dire, *La Constance*, *Le Fidelle* et *Les Tromperies*. Les trois autres n'ont pas été publiées.
6   Nous ne savons ni à qui ni à quoi Larivey fait ici allusion. S'agit-il de ses confrères du chapitre de Saint Etienne, de la critique protestante ou de ceux qui s'opposaient à la *commedia erudita*? Nous savons, pourtant, que les critiques littéraires étaient à craindre, car François d'Amboise, dans sa *Préface* aux *Néapolitaines*, fait la distinction entre la representation d'une pièce et l'impression du texte: 'un Poëme recité ou une Comedie representée pourroit plaire aux spectateurs, voire emporter des applaudissemens, et ces mesmes œuvres redigez par escrit, leuz, et releuz deplairont aux doctes lecteurs, et offenceront leur censure severe et equitable' (*Les Neapolitaines*, Paris, 1584, pp. 2r-v).
     Il est intéressant de noter que dans l'*Imprimeur au Lecteur* d'une traduction d'une pièce attribuée provisoirement à Larivey (voir M. Horn-Monval, *Traductions et adaptations françaises du Théâtre étranger*, Paris: CNRS, 1960, Tome III, p. 52, no 677), l'imprimeur se croit obligé de défendre la traduction en anticipant d'éventuelles critiques: 'Amy lecteur, je t'ay bien voulu advertir que Seigneur L. C. a esté contraint pour l'agencement de ceste traduction, & eviter les mauvaises rencontres, qui autrement s'y fussent faictes, & changer, augmenter, ou retrancher quelques mots, ce que je m'asseure tu ne trouveras point mal à propos, sçachant aussi de combien les langues sont différentes les unes des autres, en leur mode de parler' (*Angelique, Comedie de Fabrice de Fournaris Napolitain, dit le Capitaine Cocodrille Comique Confidant. Mis en François, des langues Italienne et Espagnolle, par le sieur L. C.*, A Paris, Chez Abel l'Angelier, M. D. XCIX, f. 1v [Arsenal: Re 3255].
7   Voir notre Introduction, p. VIII.

PROLOGUE[8]

MESSIEURS,[9] afin que ceste docte imitation des anciens et meilleurs Poëtes Comiques,[10] vous soit plus agreable, je commenceray par vous en dire le sommaire.

5   ANSELME, marchant d'Orleans, voyant les troubles[11] s'allumer en France, delibere se retirer en Italie laissant en la garde d'une bonne vieille (car sa femme estoit decedée) deux siens enfans, l'un masle appellé Fortunat, aagé environ de huict ans, et une fille nommee Genievre, de l'aage de sept ans, mais passant par la Bourgongne, il fut arresté prisonnier par les huguenots qui le tindrent plus de dix-huict mois, depuis sorty de
10   leurs [2ᵛ] mains, et pensant continuer son voyage, retomba en d'autres, où il demeura plus d'un an. En fin eschappé alla à Rome où il sejourna quelques annees, mais oyant dire que l'on vouloit tenir les Estats[12] en France, et esperant que par la conclusion d'iceux, les troubles prendroient fin, delibera retourner en sa maison, toutesfois en chemin il fut derechef
15   arresté prisonnier des ennemis, qui l'ont tenu jusques à present.[13] Durant ces prisons et voyages, la vieille qui avoit les enfans en garde, delibera les mener à Paris, pensant qu'ils y seroient plus seurement, et pour ce faire les habilla tous deux d'un court vestement, de façon qu'il sembloit que ce

---

8   Dans l'édition princeps (EP), le mot 'Prologue' manque. Larivey remplace le 'Prologo' de *Gl'Inganni* par les deux premières lignes et ensuite adapte l' 'Argomento'.
9   Notons que Larivey s'adresse à des messieurs, tandis que d'habitude dans la comédie italienne l'auteur s'adressait aux dames; Secco, par exemple, vise les 'gentilissime spettatrici' (p.3). Est-ce que cela veut dire que Larivey envisageait la représentation ou la lecture des *Tromperies* devant un groupe composé uniquement d'hommes? devant les membres du chapitre, par exemple?
10   *Gl'Inganni* sont surtout fondés sur des pièces de Térence et de Plaute, voir notre Introduction, pp. X-XI. Larivey omet de faire allusion à Secco. Sur la doctrine de l'imitation, voir G. Castor, *Pléiade Poetics: a study in sixteenth-century thought and terminology*, Cambridge: C. U. P., 1964.
11   Les Guerres de Religion et le désordre politique qui les a accompagnées.
12   Les Etats généraux se sont tenus trois fois pendant les 'troubles', en 1576-1577, 1588-1589 et en 1593. Il s'agit ici, sans doute, de ceux de 1588 (voir Introduction, p. VII), au cours desquels Henri III a fait assassiner le Duc et le Cardinal de Guise, provoquant ainsi une guerre avouée contre Henri montée par les supporters de la Ligue. Il n'est pas étonnant qu'Anselme ait connu d'autres ennuis.
13   Les Huguenots avaient menacé la ville de Troyes en 1589. Voir *Le discours de la prinse de Montyramé, par le prince de Joinville, gouverneur de Troyes en Champagne*, Troyes, s.d. (1589): 'Les habitants de Troyes avaient choisi pour gouverneur, en 1589, le prince de Joinville, le second fils du duc de Guise, tué à Blois. Le premier exploit de ce jeune prince fut la prise de Montyramé, bourg situé à deux lieues de Troyes. Cette place fortifiée était défendue par une bande de Calvinistes, commandée par le capitaine de Saultour; ils tenaient la campagne et battaient l'estrade autour de Troyes, de telle sorte qu'on n'osoit sortir de la ville, et que le commerce se trouvait interrompu. Dans cette affaire, les troupes de la Ligue tuèrent près de trois cents Calvinistes et firent prisonniers les capitaines de Saultour, de Saint-Mars et de Saint Remy' (L. Techener, *Bibliothèque Champenoise*, Paris: L. Techener, 1886, pp. 26-27).

fussent deux garçons. Et d'avantage, afin de mieux conserver la pudicité[14] de la fille, luy chan[3r]gea son nom, et l'appella Robert, lui recommandant celer sa condition. En ces entrefaites la vieille meurt. Les enfans ne pouvans plus vivre à Paris, tant faute de cognoissance, qu'à cause de la 5 famine qui y estoit,[15] viennent en la ville de Troyes en Champagne,[16] où Fortunat de fortune entra au service de Dorothee courtisanne, et Robert se mit à servir Severin. Ce Severin a un fils appellé Constant, et une fille nommee Suzanne. Constant est amoureux de Dorothee, maistresse[17] de Fortunat, et Suzanne sa sœur de Robert[,] la tenant pour masle. Robert ne 10 sçachant satisfaire à la volonté de Suzanne qui la molestoit[18] à toute heure, met en une nuict, en son lieu son frere Fortunat en la Chambre de Suzanne, qui lors la baisa si estroi[3v]tement qu'elle en est grosse, et maintenant preste à accoucher. D'autre part Robert fille allumé[19] en l'amour de son maistre Constant souffre double ennuy, l'un pour l'amour qui le martelle 15 l'autre craignant qu'on ne descouvre que Suzanne a le ventre plain. Severin pere de la fille grosse s'en aperçoit, envoye à Orleans s'informer de la parenté de Robert, afin que s'il n'est trouvé digne d'espouser sa fille qu'il pense estre grosse de son fait, de le faire mourir. Mais à ce que je vien d'ouyr dire le pere de Fortunat et de Robert est venu avec le messager, et 20 pense que tout se portera bien. Ayez patience, et pour ce que je sçay que ne voulez tous soupper icy, je vous ay fait apprester du ris[20] pour gouster, vous aurez un brave soldart qui ne [4r] vous laissera dormir, et un vieil Medecin, tous deux amoureux de Dorothée courtisanne qui les pellera jusques au vif. Ne bougez de vos places, j'enten du bruit, les voicy venir.

---

14   pudicité — chastitie (Cotgrave).
15   La famine a sévi à Paris en 1573-1574, 1580, 1586-87 et pendant le siège de 1590. Ici l'allusion doit se référer à une des deux dernières, voir Introduction, p. VII.
16   Larivey a adapté l'"Argomento' de Secco pour mieux convenir au public français. Dans la version italienne, Anselme est de Gênes. Lui, sa femme et ses enfants, des jumeaux, sont faits prisonniers par des corsaires turcs au large de la Syrie. Il est emmené en Turquie tandis que sa femme et les enfants, après certaines aventures, se retrouvent à Naples. A la suite de la mort de leur mère les enfants deviennent domestiques et Genievre (Ginevra) se déguise en garçon. Pour le reste, Larivey suit Secco de très près.
        Les trois dernières comédies se passent toutes à Troyes où Larivey a vécu de 1586 jusqu'à sa mort. Il signait souvent, Pierre de Larivey, champenois.
17   maistresse — domina, hera, magistra (N).
18   molester — molest, trouble, annoy, importune too much (C).
19   Jusqu'ici Larivey utilise le féminin quand il parle de Genievre/Robert; dorénavant il emploiera le masculin ce qui ne fera qu'ajouter à la confusion émoustillante.
20   'Riso' en italien; Secco fait le même jeu de mots, ris/riz.

Personnages

de la

Comedie.²¹

CONSTANT, amoureux.
GILLETTE, maquerelle.
ROBERT, fille desguisée en garçon.
FORTUNAT, son frere.
LE MEDECIN.
ADRIAN, son serviteur.
VALENTIN, serviteur de Constant.
DOROTHEE, courtisanne.
SEVERIN, vieillard.
PATRICE, vieillard.
LE CAPITAINE.
BRACQUET, son serviteur.
SILVESTRE, vieille.
REGNIER, vieillard.
ANSELME, vieillard.
LA FEMME DU MEDECIN.
LYONNELLE, sa servante.

---

21 Larivey réduit le nombre des personnages de 24 à 17. (Voir Appendice II.) Dans l'ensemble il a suivi d'assez près le nom italien des personnages: Gostanzo — Constant, Ruberto — Robert, Dorotea — Dorothée, etc., là où il les a changés il l'a fait dans l'esprit de la version originale et a cherché un homologue en français: Tullio et Massimo deviennent Sévérin et Patrice, noms qui conviennent à un père strict et à un 'patricien'; il a également opté en faveur d'un nom particulier plutôt que de garder le nom générique: la ruffiana — Gillette, il Cima — Adrian, il Vespa — Valentin; sauf, évidemment, dans le cas du capitaine, du médecin et de la femme de ce dernier.

[5^r]

DE L'ACTE PREMIER.

SCENE PREMIERE.[22]

Constant *amoureux*.[23] Gillette *maquerelle*.

CONSTANT[24] : Voicy donc vilaines putains, le fruict que je recueille de vous? Voicy donc mastines, le payement de vos obligations? Et la recompense de mes merites? Est-ce ainsi sales gopes,[25] que l'on ferme l'huys à celuy qui vous a rachetées de miseres, retirées du caignard,[26] et
5   levées de dessus le fumier, où les poux vous mangeoient? Vous souvient-il plus du temps que baailliez de faim comme chiennes, et que n'aviez un petit morceau de pain, à serrer entre vos dents? Laissez faire à moy, je vous rangeray bien tost à vostre premiere coquinerie, vous estes mescognoissantes, ha! j'en auray ma raison, ha, vieille ribaude: c'est de toy
10   que je [5^v] me veux vanger. Il te semble vieil magazin de meschanceté que tu es une Princesse depuis que j'ay garny ta maison. La maraude ne se soucie plus de personne, l'ingrate ne me recognoist plus. Je te ravalleray bien tost ceste gloire, bourelle que tu es. Mais la voicy, miracle, qu'elle s'ose monstrer en la ruë.

15   **GILLETTE:** Je t'ay bien ouy Constant, je veux que toutes ces tiennes bravades me vaillent autant d'escus au Soleil.[27] Car par cela tu me monstres combien fermes sont les clouds dont te tenons attaché. Je sçay que ne sçaurois abandonner ceste porte. Va-t'en, desloge, fay voile à ta poste, car d'autant plus chercheras t'esloigner, d'autant plus les flots amoureux te
20   repousseront en ce port.

---

22   La première scène comprend les trois premières de *Gl'Inganni*. (I i, Gostanzo solo; I ii, La ruffiana e Gostanzo; I iii, Gostanza solo).
23   'En général la moralité de tous ces jeunes hommes laisse beaucoup à désirer. Leur amour n'a rien à voir avec les théories des néo-platoniciens; il se trouve chez eux à l'état de passion brutale qu'il faut assouvir coûte que coûte, et le plus souvent le mariage remédie à une violence et empêche la punition du coupable' (P. Toldo, 'La Comédie française de la Renaissance', *Revue d'histoire littéraire de la France*, 1898, p. 252).
24   Dans l'édition princeps (EP), le nom du premier interlocuteur manque et les répliques sont uniquement introduites par l'initiale de l'interlocuteur (passim).
25   S'agit-il de 'goffes'? Cf. Cotgrave: dull, sottish, doltish, gross-witted, ou plutôt de 'gaupes'? cf. l'italien, 'ribalde'.
26   caignard — nasty, filthy place (C).
27   [tanti bei scudi] (Nous indiquerons où nécessaire la version italienne entre crochets.) L'écu d'or au soleil, frappé sous Louis XI et Charles VIII, valait trois livres tournois (soixante sous). Depuis 1577 une monnaie officielle, l'écu avait connu une forte dévalorisation dans les années 1590. Cf. L'Ecu d'or français, d'autant qu'il y a un Soleil par dessus (N).

CONSTANT: Port Ha! quel beau port, où les tres-cruels corsaires m'ont brigandé et où j'ay mis à fond tout cela que j'ai peu tirer de mes moyens. Cela te semble-il beau port?

GILLETTE: Ouy, beau port ouy, là où tu [6ʳ] as trouvé repos aux
5   tempestes amoureuses, et où le vent des souspirs t'a laissé. Tu ne mets en ligne de conte sinon ces chetives chosettes que tu nous as données, et n'escrits en recepte les plaisirs, les courtoisies et les douceurs que tu as receuës en ceste maison. Va ingrat toy-mesme, va te cacher, tu ne merite la faveur que nous t'avons faite. Souvienne-toy que lors que la jeunesse de
10   ceste ville au froid, à la pluye, et au vent nous donnoit de nuict des aubades, maudissant nostre cruelle rigueur tu te donnois du bon temps sous les belles courtines,²⁸ et estois traité à gogo comme un aigneau sous la mamelle. Penses-tu gesir au giron des graces²⁹ sans qu'il te couste, dy beau jouvenceau dy?

15   **CONSTANT:** Et crois-tu sangsuë,³⁰ qu'une forge me batte monnoye, pour saouller ton insatiable desir? Dy maraude dy? Ne cesseray-je jamais de te donner? Ne seras-tu jamais lasse de prendre? Gouffre et precipice de toute ma [6ᵛ] substance? A peine as-tu eu une chose que soudain tu en redemande une autre. Quel abisme sans fond est cestuy-cy!

20   **GILLETTE:** Hé Constant, je ne suis tant sangsue que tu es sot, appren appren desormais ce proverbe que tant de fois je t'ay dit.

L'amoureux qui est sans argent,
Ressemble un escollier sans livres,
Un nocher sans art, un sergent
25   *Sans recors, et un camp sans vivres.*³¹

CONSTANT: Tu fourniras plus de proverbes qu'un asne de pets,³² vien un peu sur le merite. M'as-tu jamais demandé chose que je ne te l'aye donnée? Pourquoy à ceste heure m'enfermes-tu hors de la maison. Dy meschante dy?

---

28 cf. soubz la courtine — en secret (G. di Stefano, *Dictionnaire des locutions en moyen français*, Montréal: CERES, 1991) (S); in hugger-mugger (C).
29 C'est-à-dire, des trois Grâces; au giron de — au sein de (S).
30 Cf. 'il s'en trouve neanmoins qui les (sc. les Courtisans) appellent sangues de cour, *Esté*, II (S).
31 Larivey adapte les 'proverbes' italiens avec aisance, trouvant souvent une expression imagée qui enrichit la version originale et il réussit à y inclure des phrases qui sont, ou qui ressemblent de près à des dictons populaires. Voir le recueil de dictons et de proverbes du département de l'Aude établi par Louis Morin dans *Essais de folk-lore local*, Troyes, 1912.
32 [Tu hai più proverbi che coreggi l'asino.] corregiare — ceindre d'une escourgée; donner les estrivières. Item peter (Antoine Oudin, *Recherches Italiennes et Françoises ou Dictionnaire*, Paris: A. de Sommaville, 1640) (O).

GILLETTE: Jamais te print-il envie de ma fille, que je ne te l'aye accordée, dy ingrat dy? l'un va pour l'autre, mon indulgence avec ton argent. Voy comme le compte se raporte.

CONSTANT: O que tu es meschante et eshontée. [7r]

5   **GILLETTE:** *Une maquerelle honteuse,*
                     Engendre à sa fille des poux,
                     *Et rien qu'ails, qu'oignons et que choux*33
                     *Ne remplissent*34 *sa pense creuse.*

CONSTANT: *De poux, de vermine, et de rogne,*
10   *Je t'ay tirée orde carongne,*
                     Et si n'en as point de vergongne.
O combien ces proverbes me coustent cher, vieille, larronnesse, traistresse.

GILLETTE: O combien me profitent peu tes braveries jeune coquart,35 chiche, pouilleux, çà, argent, argent.

15   **CONSTANT:** Et si je n'en ai point?

GILLETTE: Demeure à l'huys, et conte les chevilles.36

CONSTANT: Ne t'en ai-je pas donné tandis que j'en ay eu?

GILLETTE: La porte ne t'a-elle pas esté ouverte tandis que tu en avois[?]

CONSTANT: Je t'en donneray quand j'en auray, que veux-tu d'avantage?

20   **GILLETTE:** Je t'ouvriray quand tu en auras, que veux-tu d'avantage?

CONSTANT: Ha, eshontée! où est cela que je t'ay donné par cy-devant? En as-tu [7v] perdu la memoire?

---

33 C'est-à-dire des légumes pour les pauvres. Cf. Cotgrave, qui définit l'ail, 'poore-mans Treacle' et Stefano qui cite, n'en donner un ail pour — s'en ficher.
34 EP: remplisse
35 coquart — foolishly proud, saucy, presumptuous (C).
36 [Sta' di fuori.] Larivey a ajouté 'conte les chevilles', ce qui signifiait patienter devant une porte (en bois) close, voir Cotgrave, to attend long in hope of a good turn, or preferment promised.

GILLETTE: O pauvre[37], n'as-tu pas veu ce qui est escrit sur l'huys de ma chambre?

CONSTANT: La revoicy à ces proverbes. O miserable Constant, où es-tu reduit[?]

5

GILLETTE: *Tout cela que donné tu m'as,*
     Est eschappé de ma memoire,
     Si argent en bource tu n'as,
     Adieu, de toy je n'ay que faire.

10   **CONSTANT:** *Lors que du mien je t'ay fait part,*
     Tu m'as adoré comme un Dieu,
     Mais or' que je n'ay pas un liard,[38]
     Me chassant tu me dis Adieu.
Le mal talent[39] que je te porte, grosse truye, me fait Poëte.

15   **GILLETTE:** Il seroit besoin que ta poësie composast de l'argent.

CONSTANT: Ha ingrate, tu n'es plus celle-là qui avecques flatteries, caresses, et blandissemens me venoit au devant, quand dés le commencement je portois en ta maison les presens ordinaires. Où sont les caresses et les doux accueils[?] Adonc la maison me [8r] ryoit de toutes
20   parts, bien-heureux estoit qui me pouvoit faire quelque petit service, vous ne recognoissiez autre Soleil, vous n'adoriez autre Dieu que moy. Et maintenant que je n'ay pas un double rouge[40] mes faveurs se sont esvanouyes en fumée.

GILLETTE: O sot et badin que tu es, ne sçais-tu que nostre mestier et
25   celuy de l'oyseleur est tout un? L'oyseleur nettoye l'aire, tend ses rets, seme et respand le grain, afin que les oysillons s'y accoustument, les pauvrets y viennent, sautellent, mangent, se joüent, mais en fin advient qu'ils sont prins, et adonc payent le millet. Fay ton conte que je suis l'oyseleur, ma maison est l'aire, ma fille est le millet, et vous autres les oyseaux, si du
30   commencement j'ai usé de quelque ruse pour te faire cheoir en mes fillets, ce n'est de merveilles. Et comme est-il possible que tu n'entendes encores le mestier, veu que tu as esté si longtemps en ceste escolle? [8v]

---

37   EP: pauvres
38   Le liard était une pièce en bronze valant trois deniers ou le quart d'un sou.
39   mal talent — animosité, mécontentement (S); ill-will, anger (C).
40   [Mancato il denaro.] Le double valait deux deniers; rouge — en bronze? (cf. un liard rouge) ou simple terme de renforcement? cf. *Les Esprits*, éd. M. Freeman, (Droz), p. 86, n° 21.

CONSTANT: Je m'apperçoy bien que je suis le pigeon,[41] maintenant que je suis plumé jusques aux os, et commence bien desormais à apprendre, mais je ne voudrois estre si tost chassé du college.

GILLETTE: Va, repren des plumes, puis revien vers moy, je n'enseigne
5   point sans sallaire. Adieu.

CONSTANT: Escoute, que veux-tu que je te donne pour une fois, sans me demander autre chose tout le long de l'année, à la charge toutesfois que durant ce temps Dorothée ne sera à autre qu'à moy?

GILLETTE: Donne-moy soixante escus. Adieu.

10   **CONSTANT:** Escoute, que tu as haste.

GILLETTE: Que veux-tu dire? parle.

CONSTANT: Je m'efforceray de les trouver, mais je veux que tout le long de l'année autre que moy n'ait que soulder avec elle.

GILLETTE: Si cela ne te suffit, je feray encores chastrer ce laquais, afin
15   que tu en sois plus asseuré. [9r]

CONSTANT: Je vas essayer d'en trouver. Adieu. Encores que je ne sçache de quel bois faire flesche,[42] neantmoins pour garentir ma vie, il faut que j'employe le vert et le sec,[43] les changes, les usures, les interests, les larcins, je jure Dieu que necessité n'a point de loy. Je feray ce que je pourray.

DE L'ACTE I.

SCENE II.[44]

Robert, fille desguisée en garçon. Fortunat son frere.

20   **ROBERT:** La grande et urgente necessité me retient, et amour me chasse, je ne dois m'en aller et ne puis arrester. De laisser ceste malheureuse qui est sur le point d'accoucher, ce seroit tres-mal fait à moy, et de demeurer

---

41   être le pigeon — être dupe, se laisser plumer (S); fop, noddy (C).
42   ne savoir de quel bois faire flesche — ne savoir que faire (S); be at ones wits end (C).
43   Cf. employer et vert et sec — employer tous les moyens (S).
44   Cette scène réunit trois de *Gl'Inganni* (I iv, Ruberto solo; I v, Ruberto e Fortunato; I vi, Fortunato solo).

longuement sans mon maistre qui me brusle le cœur, amour ne le consent. O ciel! ô sort! n'aurez-vous jamais pitié d'une chetive à qui dés le [9v] berceau avez commencé à faire guerre? vous m'avez de riche rendue esclave, et fille deguisée en masle, affin de mieux conserver mon honneur,
5 vous devriez vous contanter de ces traverses et n'y adjouster encores tant d'autres ennuys, de fascheries et de pœurs, j'ayme, miserable que je suis, celuy qui ne m'ayme point, et qui pis est, cest[45] habit faux et menteur que je porte, m'oste toute esperance, et suis si loin de tout secours, que mon Constant qui me cuyt[46] la poitrine, estant devenu amoureux d'une petite
10 putain, m'esgorge à chaque fois qu'il m'employe aux messages de ce sien amour. Et voicy bien le pis, Susanne sœur de mon maistre, pour combler le reste de ma ruyne, est amoureuse de moy pensant que je suis masle. Et communiquant un jour avec mon frere Fortunat de cest amour que la simplette me portoit, iceluy considerant l'occasion, me pria et supplia tant
15 qu'une nuict je l'introduisy en la chambre de la pau[10r]vrette, qui dés lors est demeurée grosse, et est tantost preste d'accoucher, et en continuelles angoisses et pleurs,[47] ne sçachant encores qui est celuy qui a dormy avec[48] elle. Mais voicy mon frere. O Fortunat, hé que Dieu t'envoye bien à propos.

FORTUNAT: O ma sœur qui a-il? comment vont les affaires? que sera-ce
20 de nous? que doy-je esperer? comme se porte ma Susanne? ne nous veut-elle point encores mettre hors de peine?

ROBERT: La pauvrette à toute heure faict nouveaux vœuz, elle espere, elle craint, elle s'asseure, elle meine dueil, elle se plaint de moy, elle se recommande à moy, elle me maudit, elle me prie. Et sçache[49] qu'elle n'a
25 pas beaucoup à aller, que dy-je? mais fay ton conte qu'elle ne passera pas la journée.

FORTUNAT: Quoy, elle est encores ensevelie en sa premiere erreur, pense-elle tousjours estre grosse de ton faict, est-il possible[?]

ROBERT: Plus que jamais, elle ne cesse de [10v] me tourmenter, et luy
30 semble que je n'ay autres affaires en la teste que les siennes, et que je luy sois bien tenue de mode que je n'arrive si tost en la maison qu'elle m'assaut.

---

45 EP: c'est
46 cuire — démanger (N).
47 Cf. l'italien, e paurosa vivo in continoa agonia. Larivey s'est-il trompé en prenant 'pleurs' pour 'pœurs'? S'agit-il d'une erreur typographique?
48 EP: avee
49 EP: sçachez

FORTUNAT: Patience ma sœur, pour l'amour de moy. Et bien n'avez-vous point pourveu de quelqu'un pour l'ayder à ce besoin?

ROBERT: Elle a la sage femme de la maison, mais je ne m'y fie point, je crain qu'il y ayt de l'ordure en nostre fait.⁵⁰

5   **FORTUNAT:** Pourquoy?

ROBERT: Nos peu de moyens m'espouventent, si que je ne puis rien esperer de cecy que nostre ruyne. Tu le verras. O chetifs que nous sommes, que ferons-nous?

FORTUNAT: De quoy te soucies-tu, tu es une fille, pour cela tu n'en
10 mourras pas.

ROBERT: Comment, la maquerelle⁵¹ d'une fille de maison n'est-elle pas digne de mort? le Ciel ne m'en sauveroit pas.

FORTUNAT: Parlons d'autre chose, Dieu nous aydera, où vas-tu?

ROBERT: Chercher mon maistre. [11ʳ]

15   **FORTUNAT:** Je le cherche aussi, car ma maistresse desire parler à luy.

ROBERT: Mets peine de l'emmener chez vous, et ne le laisse venir en la maison, et pour cause.⁵²

FORTUNAT: Laisse-moy faire, il ne m'eschappera pas, va-t'en par là, et moy par deçà, si tu le r'encontre dy-luy que je le cherche.

20   **ROBERT:** Aussi feray-je. A Dieu.

FORTUNAT: A Dieu. Quoy qu'il en soit, nous nous en devrions fuyr ma sœur et moy plustost qu'attendre ceste grande ruyne qui nous menasse par l'accouchement de ceste fille, si une fois on s'en aperçoit. Mais quoy, ce traistre amour s'est tellement fait maistre de moy, que je ne la puis
25   abandonner. Quoy? que je vive sans toy, ô ma Susanne, ha jamais, jamais,

---

50 qu'il y ait de l'ordure dans nostre fait — que tout ne soit pas bien dans ce que nous faisons. Cf. Il y a de l'ordure dans leurs flûtes — they are somewhat to blame; all is not right with them (C).
51 maquerelle — a (woman) bawd, the solicitrix of lechery (C).
52 [Fallo venir da voi in ogni modo, e non lo lasciate tornare a casa, che talor con questa sue risse non ci sturbasse, che non ci è quasi altro pericolo che questo.] Le Français est plus laconique. 'et pour cause' — Robert voudrait que Constant ignore la grossesse de Suzanne non seulement par crainte d'éventuels reproches, mais aussi pour ne pas perdre l'estime de Constant dont celle-ci est amoureuse.

que[53] plustost tous les desastres, et malheurs du monde m'adviennent. Amour me tient lié de si fortes chaisnes, que je ne m'en puis ny[54] veux deffaire. Mais je m'amuse trop icy, je vas chercher Constant, et l'emme[11v]neray s'il m'est possible, affin de donner commodité[55] à ma vie

5   de faire son petit poupart.[56]

DU I. ACTE.

SCENE III.[57]

Le Medecin.[58] Adrian *son serviteur.*

LE MEDECIN: Sotte que tu es, beste chaussée,[59] indomtable, farouche, sans cervelle ennemie de ton mary et de toy-mesme, Par Dieu si tu ne changes de condition, et ne mets fin à tes noises crieries[60] et grommelemens ordinaires je te chasseray au gibet. Et quelle intolerable

10   servitude, quelle penitence, quelle mort est cecy? Crois tu que je puisse longuement supporter tes folies, enragée que tu es, qu'il faille que tu sçaches où je vas, d'où je viens, ce que je dy, que je fay, qui parle à moy, que le cancre te vienne, veux-tu pas qu'à chaque bout de champ je te rende comte de mes [12r] actions, beste impertinente, par la croix que voila, la

15   chose n'en ira pas à l'advenir comme par le passé. Je t'ay entretenuë trop delicatement, ma patience et bonté t'a renduë farouche et insuportable, je t'ay trop lasché la bride sur le dos, cavalle[61] au diable. Escoute, ne me viens plus rompre la teste de ce que j'ay à faire ou dire, sinon, tu me feras sortir hors du manche[62], soupçonneuse, importune, jalouse que tu es, que te faut-

20   il, veux-tu que je te donne un bon conseil, ne te mets plus en peine de vouloir trop sçavoir de mes affaires, sinon, par Dieu je te donneray tant d'occasions de soupçonner, que je te feray crever. Si tu me fasches plus, je te meneray des garces jusques à ton lit, pour te faire plus de despit. Va te pendre, et ne me tourmente plus, ne te trouve point devant moy, ou[63] je

25   te.[..]

---

53   EP: qui
54   EP: n'y
55   commodité — utility, aptness, convenience (C).
56   poupart — jeune enfant au maillot (S-P), mais aussi 'membre viril' (G).
57   Cette scène comprend deux de *Gl'Inganni* (I vii, Il Medico solo; I viii, Il Cima e il Medico).
58   Cf. 'Si les vieillards ne sont guère respectés, il faut pourtant admettre qu'ils ne méritent souvent pas le respect dû à leur âge' (P. Toldo, art.cit., p. 253).
59   beste chaussée — personne stupide, bête (S).
60   noises, crieries — disputes, cris.
61   Cf. lascher la bride — laisser libre, donner libre cours à (S); cavaler — chevaucher (H).
62   tu me feras sortir hors du manche — tu me feras perdre la tête
63   EP: ouy,

Allon Adrian, laissons-la là! Et bien qu'en dis-tu, n'ay-je pas fait valeureusement, ne me suis-je pas por[12v]té en homme de cœur, en fin je me suis destrappé de ceste mouche canine qui me picquoit les flancs, qu'au diable soit qui me l'a attachée, le Proverbe est faict à quelque fin.

5

> *Il laisse le fruict pour la fueille,*
> *Pesche tourment, et rongne acueille,*
> *Et chez soy retire un tyrant*
> *Qui se marie et Dame prent.*

ADRIAN: Je le vas bien mieux dire.

10

> *Un Seigneur qui t'oste le tien,*
> *Un soldat qui mange ton bien,*[64]
> *Et la verolle,*[65] *est moindre rage,*
> *Que prendre femme en mariage.*

LE MEDECIN: O quel beau present![66] que ma douce Dorothée

15 savoureusement m'embrassera, que la mere dira bien que je suis liberal et magnifique. Monstre que je la voye encores un peu. En ma conscience il n'y a pas long-temps qu'elle me cousta quatre-vingts escus.

ADRIAN: Voicy une difficulté que j'y trouve, elle luy sera trop estroite.

LE MEDECIN: Il ne peut estre autrement, car ma femme est menue,

20 deliée seiche [13r] et maigre comme la cherté[67] et l'usure. Et Dorothée est grassette, douillette, rondelette et en bon point que veux-tu. Bref parlant d'elle, c'est faire comparaison des morts avec les vivans. Il n'y en a point en ceste ville de plus belle que Dorothée, considere un peu quel port, quelle contenance elle tient, comme est-elle brave, comme est-elle parée, elle

25 tranche de la Princesse[68] . Que t'en semble Adrian? Qu'en dis-tu? Ne suis-je pas bien heureux d'estre aymé d'une telle beauté? Ha petite mignonne comment ne t'aymeroy-je? comment ne tiendroy-je conte de toy? Je disoy bien qu'elle ne dissimuloit, te semble-il que ce soit mocquerie?

ADRIAN: En estes-vous là, vous croyez aux putains, par ma foy je n'eusse

30 jamais pensé cela de vous.

LE MEDECIN: Je ne croy à leurs parolles, mais aux vifs effets ardens et indubitables.

---

64 Larivey est plus précis, cf. [Assassin, che ti dispoglie].
65 [Il francioso] francioso — verollé: en jargon beuveur (O).
66 Il s'agit d'une robe que le médecin a volée à sa femme, voir II i et V x.
67 maigre comme la cherté — jeu de mots possible sur 'maigre chère': cold, heartless entertainment (C).
68 elle tranche de la Princesse — elle ressemble à une princesse.

ADRIAN: Quels effets?

LE MEDECIN: Qu'elle me porte bon visage, [13ᵛ] me rit quand elle me
void, es-tu aveugle[?]

ADRIAN: Hé, mon maistre,
5
Ne te fie à mule qui rit,
N'à femme qui de l'œil fait signe,
Car l'une des pieds te ferit,
L'autre des ongles t'esgraffigne.

LE MEDECIN: Tu es trop soupçonneux, si les carresses, les juremens, et
10   me veoir maistre de leurs volontez ne t'esmeuvent, au moins cela
t'esmeuve, qu'elles m'ont communiqué un grand secret, de la supposition
d'un enfant. Et avec si belles parolles (ô Dieu) qu'elles demoureront
tousjours escrites au milieu de mon cœur. La godinette[69] me disoit d'une
petite bouchette douce et amoureuse. Ma vie, je desire vous charger le
15   moins qu'il me sera possible, afin que cela n'empesche que me veniez
veoir. Je veux faire croire à un brave et glorieux que j'ay fait un enfant, car
il croit de verité m'avoir laissée grosse quand il partit d'icy. Si de fortune
vous y venez tandis qu'il y sera, fai[14ʳ]tes semblant de me manier le pouls.
O ma joye je ne seray jamais autre que tien, qui ne te croira? Ces parolles
20   ne se disent pas, sinon à celuy en qui elle a mis toutes ces esperances.

ADRIAN: Ha! mon maistre, faites vostre conte, que ces belles parolles
sont le chant des Syrenes.[70] Putains, ha! il est force que je vous recite
quelques vers qu'un honneste homme m'a apprins.
Aux resveries des malades[,]
25   *Aux songes vains, extravagans,*
Aux forcenemens des Menades,[71]
Aux folles des Grecs et Troyens,[72]
Aux diseurs de bonne aventure,
Aux mariniers, aux courtisans,
30   *Aux Orloges qui n'ont mesure,*

---

69   godinette — jolie fille; a pretty pert lass, a loving, lovely girl (C).
70   Les Syrènes dont le chant attirait les marins qui, une fois séduits, étaient dévorés par elles. Cf. Par
l'actrayance et doulx chants des seraines/ Voit l'on souvent perir et entamer, *Dictz moraulx* (S).
71   Les Menades (mot qui vient du grec signifant 'furieuses') désignent les Bacchantes; ce vers a été
ajouté par Larivey.
72   Cassandre, par exemple, fille de Priam et d'Hécube et douée du don de prophétie.

> *Aux pelerins,*[73] *et aux marchans,*
> *Aux tiltres hauts et honorables,*
> *Des happelopins et flatteurs,*
> *Et aux promesses peu durables,*
> 5   *Des Princes et des grands Seigneurs,*
> *On doit mille fois plustost croire*
> *Qu'aux sermens et foy des putains,* [14v]
> *Car de mentir elles font gloire,*
> *Leurs cœurs de mensonge estans plains.*

10   **LE MEDECIN:** C'est bien dit, tu penses estre un Docteur, et ne crois à combien d'autres elles ont mis martel en teste.[74]

ADRIAN: C'est voirement un bon martel que le leur, car jamais il n'est employé qu'à battre monnoye.

15   **LE MEDECIN:** Bref tu es trop subtil, et penses tout sçavoir.
> *Qui trop se subtilise,*
> *Plus il entre en bestise.*

ADRIAN: Vostre grande subtilité ne vous abestira jamais.

LE MEDECIN: Que veux-tu, je suis ainsi fait, il ne fut oncques que je n'aye esté amoureux, hé, gay, vive les garçons, tien nettoye un peu mes 20   souliers et ma robe avec le pan de ton manteau.

ADRIAN: Hé, que vous estes brave.

LE MEDECIN: Allons jusques là-haut apprendre des nouvelles, et puis nous l'irons veoir, mais cache bien cela.[75]

ADRIAN: On ne le verra pas, allons. [15r]

---

73 L'italien a 'cingani', 'gitans'. Notre auteur pensait-il à la mauvaise réputation des gitans aussi bien qu'à celle des faux pèlerins? cf. 'vous ferez ce que font certains personnages qui en guise de pelerins vont de pays en pays, lesquels, portans en leur main quelque breviaire gras et tout usé se contentent de sçavoir seulement dire *Ego sum quidem pauper peregrinus*, sans pouvoir dire autre chose', P. de Larivey, *La Constance*, in- *Trois comedies des six dernieres*, 1611, op.cit., f. 75v, et *Ancien théâtre françois*, op. cit., Vol. VI, p. 283.
74 martel en tête — jealousy, suspicion; upon passion, a bug in the head, a flea in the ear (C); cf [fatto crepar di martello] — 'martello' pouvait être un substitut métaphorique de phallus (Voir la thèse de Jean Toscan, *Le Carnaval du langage*, Lille, 1981).
75 cela — le cadeau pour Dorothée.

DU I. ACTE.

SCENE IIII.[76]

Constant. Valentin *son serviteur.* Robert.

CONSTANT: Je n'ay jamais passé le temps en plus grandes angoisses que j'ay fait cestuy-cy. Je croy veritablement que ces malheureuses m'ont ensorcelé.

VALENTIN: Ha, ha, ha, il est force que j'en rie, ouy de par le diable ouy,
5   vous estes ensorcelé, mais les sorceleries et enchantemens qui au dedans vous bourellent si fort, sont un beau visage, un beau sein, deux belles cuisses rondes, polies et dures, qui vous emplissent les mains, et autre chose, et tout que je n'ose dire dire dire.

CONSTANT: Ce sont parolles, si tant soit peu je suis loin de Dorothée, il
10   me semble proprement que mille chiens me rongent la poictrine, cela peut-
[15ᵛ] il estre autre chose que sorcellerie?

VALENTIN: Je le vous diray.
       Ainsi qu'au bon vin court l'Almant,[77]
       Au sel la chevre, au miel la mouche,
15   *Ainsi l'impatient Amant*
       Ayant succé dessus la bouche
       De sa Dame, le succre doux,
       Retourner y veut à tous coups.
Voicy la diablerie qui le pique jusques au vif.

20   **CONSTANT:** Valentin, Valentin, tu parles bien à ton aise, car tu ne sçais comme je suis soubs le rasoir.

VALENTIN: Mais voicy le mal, que le barbier ne se contente du poil.

CONSTANT: Que feray-je donc? Je n'iray pas, encor' que Fortunat me cherche, et que comblées de repentence elles m'envoyent querir, je veux
25   armer mon estomach d'une ferme et resoluë deliberation de n'endurer leurs injures. Que je sois si peu constant qu'il me faille supporter les brocards de ces putains? de ces vilaines? Non non, si elles me prioient à jointes mains, je veux plustost cre[16ʳ]ver de despit, afin qu'elles apprennent à cognoistre

---

76   Voir *Gl'Inganni*, I ix.
77   [gente tedesca]; Les Allemands avaient la réputation de boire beaucoup. Cf. Montaigne, *Essais*, II 2, 'Nous voyons nos Allemans, noyez dans le vin...'.

quel homme je suis. Les traistresses pensent-elles jouer de moi à la pelotte?[78]

ROBERT: O quelle brave deliberation, pourveu que ne changiez point de volonté?

5 **VALENTIN:** Ouy, mais si vous commancez à vous rendre fascheux, et ne continuez apres, ainçois vaincu de jalousie, sans avoir fait vostre paix, vous recourrez à leur misericorde, leur descouvrant la rage et la fureur qui vous chasse, vous estes perdu. Elles hausseront la creste, et voyant que ne vous pouvez passer d'elles, vous estrangleront, monteront sur l'asne, et vous 10 tiendront dessoubs en subjection. Je sçay que changerez d'advis, et l'eussiez-vous juré mille fois.

CONSTANT: Pourquoy? tu ne me cognois pas encores. Si je pren resolution, je jure Dieu, que le desdain vaincra l'amour, et la rage chassera la jalousie. [16ᵛ]

15 **VALENTIN:** Cela se peut faire pour un peu de temps, mais vous ne vous[79] y opiniastrerez pas, ceste bourrasque de vostre desdain passera en une petite halaine, apres laquelle je voy un vent de jalousie se renforcer, qui à vostre grand dommage vous repoussera à ce roc, où vous donnerez à fond, et ferez encores pis. Je sçay bien ce que je dy.

20 *Si tost l'enfant ne change de vouloir,*
Si peu ne dure au clair Soleil la nue,
La neige encor n'est si volage au choeir[,]
La feuille n'est au vent si tost esmeue,
Et le Printemps n'est point tant inconstant,
25 *Que variable est le cœur d'un Amant.*

CONSTANT: Cela est tout vray,[80] hé Dieu, conseillez-moy donc tandis qu'il en est temps. O moy chetif, mille serpens me dechirent le cœur, amour, despit, rage, et jalousie.

VALENTIN: Ces ondes amoureuses que vous sillonnez sont si plaines 30 d'escueils, que malaisément peuvent-ils estre evitez. Et sçavez-vous quels ils [17ʳ] sont? je le vous vas dire. Ce sont despits, injures, querelles, soupçons, jalousie, inimitiez, reconciliations, treve, guerre, et paix. Si par artifice vous pensez manier ceste vague instable, vous pouvez encor vous persuader de gouverner la folie par la raison. Et ce que maintenant estant

---

78   jouer à la pelote de — se jouer de (H).
79   EP: vou
80   Dans *Gl'Inganni*, cette observation est faite par Ruberto.

courroucé vous pensez en vous-mesmes comme je feray, je diray, cestuy-cy, ceste-là, que le Medecin, que le Soldart, qui dit, qui fait, je veux plustost mourir, je ne veux souffrir, crever de rage, vaincre moy-mesme, monstrer que je suis, etc. tout cela avec une petite larmelette que la poltronne, se frottant un peu les yeux en fera sortir à force, sera esvanouy, et soudain appaisé, si que de vous-mesmes vous accuserez, vous jetterez à leurs pieds, et leur crierez mercy.

CONSTANT: Helas! je voy bien maintenant que ce sont des meschantes ribaudes, que j'ay esté mal mené, je m'en repen. Je brusle au dedans, je le voy, [17ᵛ] je le sçay, et si volontairement je cours à la mort, je suis hors de moy, je ne sçay que je fais, ny que je doy faire.

ROBERT: Hé, Monsieur, ne vous tourmentez ainsi, laissez là ces putains, ces publicques.

CONSTANT: O moy malheureux, je pasme, je meurs, ces meurtrieres le sçavent bien et se mocquent de moy, je ne trouve aucun repos. Elles sont sans pitié, et moy sans remede.

ROBERT: Helas c'est moy miserable qui suis sans remede.

VALENTIN: Sçavez-vous qu'il vous faut faire? Vous avez la hart au col cherchez de l'oster petit à petit, et le plustost que vous pourrez.

CONSTANT: En es-tu d'advis?

VALENTIN: Ouy, si vous estes sage, et n'adjoustez nouveaux ennuis à vos peines infinies.

ROBERT: Il seroit bien meilleur vous trouver quelque jeune fille qui fust vostre, et non au commun, qui eust bonne grace, que vous l'aymassiez, [18ʳ] et ne vous perdre ainsi en l'amour de ce demeurant de bourdeau.⁸¹

VALENTIN: Escoutez Monsieur, il n'y a autre moyen de vous racheter de la captivité de ces harpies, qu'une telle adventure.

CONSTANT: Et où la trouverons-nous?

---

81 demeurant de bourdeau — reste, résidu de bordel.

ROBERT: J'en cognois une qui est plus perduë en vostre amour, que vous n'estes de ceste carongne.[82]

CONSTANT: Est-elle belle?

ROBERT: Honnestement.

5 **CONSTANT:** Où est-elle?

ROBERT: Proche de vous.

CONSTANT: Seroit-elle contente que j'allasse coucher avec elle?

ROBERT: Plust à Dieu que voulussiez y aller, comme elle en lecheroit ses doits.

10 **CONSTANT:** Auroy-je la commodité d'y aller?

ROBERT: Comme de venir vers moy.

CONSTANT: Comment sçais-tu qu'elle m'ayme?

ROBERT: Parce que souvent elle discourt avecques moy de ses amours.

[18�v]

CONSTANT: La cognoy-je?

15 **ROBERT:** Comme moy.

CONSTANT: Est-elle jeune?

ROBERT: De mon aage.

CONSTANT: Elle m'ayme?

ROBERT: Elle vous adore.

20 **CONSTANT:** L'ay-je jamais veuë?

ROBERT: Aussi souvent que moy.

---

82   carongne — carrion, stinking carcass (C).

CONSTANT: Pourquoy ne se descouvre-elle à moy?

ROBERT: Par ce qu'elle vous void esclave d'une autre.

VALENTIN: Par mon Dieu elle a raison, et n'a pas faute d'entendement.

5 **CONSTANT:** Je veux seulement prendre une fois congé de Dorothée, et puis.

VALENTIN: Ha, Monsieur, les putains ont les parolles de poix ou de glus, vous demeurerez attrappé, faites vostre conte si vous allez là, de trouver les soixante escus qu'elle vous a demandez.

CONSTANT: Et où les trouveray-je?

10 **VALENTIN:** Je ne sçay, mais il les faut trouver quoy qu'il en soit.

CONSTANT: Valentin, mon amy, tu dis vray, [19r] je suis mort comme tu vois. donne-moy secours de ton ayde et bon conseil, trouve-moy cet argent si tu aymes ma vie.

ROBERT: Je suis perdu.

15 **VALENTIN:** La difficulté m'espouvente, toutesfois je vas songer quelque moyen pour vous ayder.

CONSTANT: Je t'en prie.

VALENTIN: Où vous retrouveray-je?

CONSTANT: Icy, ou ès environs.

DU I. ACTE.

SCENE V.[83]

Robert. Constant.

20 **ROBERT:** Ce n'est pas mocquerie, ce que je vous disois que ceste fille de mon aage vous ayme si desmesurement.

---

83 EP: SCENE XV. Cette scène correspond à I x de *Gl'Inganni*.

CONSTANT: Par ta foy.

ROBERT: La pauvrette ne vous honore et revere moins que je fais, encores qu'elle vous ayme sans aucune esperance. [19ᵛ]

CONSTANT: Sans esperance, pourquoy,

5   **ROBERT:** Pour ce qu'elle sçait qu'en vostre cœur vous portez pourtraite Dorothée, et non pas elle.

CONSTANT: Fay-moy parler à ceste seconde, car si je voy qu'elle me donne ce que ceste-là me vend cherement, il me viendra paraventure volonté de la laisser pour ceste-cy.

10   **ROBERT:** Faictes cela que je vous diray, et je vous promets de la faire coucher avec vous, soyez seulement huict jours sans nommer ou veoir Dorothée.

CONSTANT: Huict jours! helas je mourrois, mais qu'importe que tu luy dise que je suis courroucé contre elle, et qu'y allions couvertement.

15   **ROBERT:** Dieu me gard de faire injure à la pauvrette, c'est bien assez des peines qu'elle endure pour vous sans que je la trompe.

CONSTANT: Pourquoy, quel interest y as-tu?

ROBERT: Pour ce que j'ayme autant ceste fille comme moy-mesme, ains vous veux dire que quand je la voudrois [20ʳ] tromper je ne sçaurois, parce
20   qu'elle ne sçait moins de vos secrets que moy.

CONSTANT: Elle les sçait donc par toy.

ROBERT: Voire, car elle sçait tousjours et void le secret de mon cœur.

CONSTANT: Donc, tu l'aymes!

ROBERT: Je voudrois que m'aymassiez autant, faites estat que je suis
25   avec elle une mesme volonté, et un seul Esprit.

CONSTANT: Voudrois-tu bien estre maquereau d'une personne que tu aymes tant.

ROBERT: Je le serois pour vous de moy-mesme par maniere de dire tant je vous suis affectionné.

CONSTANT: Tu as raison de m'aymer, car je t'ayme, et si jamais j'ay moyen, je recongnoistray ta bonne volonté, Robert mon amy.

5　**ROBERT:** Il n'y a rien que puissiez plus aysement faire que me contenter.

CONSTANT: Tu verras si jamais l'occasion se presente comme je te recompenseray de la foy et amitié que tu me monstre. [20v]

ROBERT: Ma servitude n'attend autre recompense de vous que vostre amitié. Et vous veux bien dire que si vous m'aymiez mille fois plus que
10　Dorothée, vous ne payeriez une estincelle de la vive affection que je vous porte.

CONSTANT: Que veux-tu d'avantage, apres elle, je n'ayme rien plus que toy.

ROBERT: Voila de quoy je me plains, voila le commancement de mon
15　mal, ô Dieu!

CONSTANT: Qu'as-tu, es-tu marry que je sois amoureux d'une si mauvaise femme, dy-moy. mais patience puis que ma fortune le veut ainsi.

ROBERT: Il me fasche que vous en aymez d'autres plus que moy.

CONSTANT: Toy n'estant femme de quoy te plains-tu.

20　**ROBERT:** Et si je passois sous l'arc-en-ciel[84] et que quelque estrange accident me changeast quelque jour?

CONSTANT: Pleust à Dieu, car tu m'osterois de l'entendement ceste traistresse. Mais tandis que nous parlons icy de [21r] choses vaines, le temps s'en va, allons veoir si nous trouverons Valentin[85].

25　**ROBERT:** Permettez-moy s'il vous plaist que je voise jusques à la maison, pour quelque affaire que j'y ay, et je viendray vous retrouver incontinent.

CONSTANT: Va où il te plaira, mais revien soudain car j'ay affaire de toy.

84　Ajout de la part de Larivey. Les propriétés miraculeuses de l'arc-en-ciel ressortent de l'interprétation de la *Genèse*, IX, 13, où Dieu désigne l'arc-en-ciel comme signe de l'alliance conclue avec la terre.
85　EP: valentin

DE L'ACTE II.[86]

SCENE I.

Dorothée.[87] Le Medecin. Adrian.

DOROTHEE: O chetive moy, que je crain que ce pauvre Constant n'ayt prins en mauvaise part qu'on luy a fermé l'huys, et que par desespoir il ne me laisse. Il ne se peut faire que le pauvret ne passe pas icy. Je serois ayse le veoir et le consoler. Que maudite soit ma trop fascheuse et mauvaise
5 mere. Je sçay bien qu'il en adviendra. Elle veut tant tirer à elle qu'el[21ᵛ]le me fera crever de jalousie. Mais voicy ce galant amoureux que la pitié maternelle m'a donné. O quel joly muguet! ô quel tendre chevreau à qui la bouche sent encores le laict! Que la peste te vienne vieil pourry à qui les mains ne sentent que l'urine, ou ne puent que le clistere, je veux mourir si
10 je ne te pelle jusques aux os, sot puant que tu es. Par la croix que voila, mon entretenement te coustera cher. Tu refonderas les soixante escus pour le pauvre Constant. La belle happelourde,[88] il semble un homme de paille, un fantosme[,] un espouvantail de cheneviere. Je le veux un peu aborder. Dieu soit loué que l'on vous peut veoir, il en est tantost temps.

15 **LE MEDECIN:** Dieu vous contente, mon bien.

DOROTHEE: Vous vous faites bien attendre beau sire, il y a tantost une heure que je vous espie de pied coy, d'où venez-vous si tart? de veoir quelque belle fille? hé folastre, vous tenez grand conte d'une pauvre qui meurt apres vous. [22ʳ]

20 **LE MEDECIN:** Ha ha ha, entrons en la maison, car je t'apporte quelque chose qui te sera agreable.

ADRIAN: Quand il luy aura baillé la robe le martel cessera.

DOROTHEE: Le mal vous mange avec vos presens si vous pensez que je vous ayme pour cela. Quoy que ce soit reprenez-les, je n'en veux point, non
25 en bonne foy, je n'en veux point.

---

86   Voir *Gl'Inganni,* II i, Dorotea sola; II ii, Dorotea, il Medico, il Cima.
87   'La courtisane des *Inganni* du Secchi [...] ne fait pas seulement un commerce honteux des grâces de sa personne, mais [...] relève son caractère par la force du sacrifice et la violence de l'amour' (P. Toldo, art.cit., p. 261). 'Les auteurs français, comme les Italiens, ont visiblement cherché à rehausser la dignité du personnage, en accord avec l'évolution des mœurs' (M. Lazard, *Images littéraires de la femme à la Renaissance,* Paris: P.U.F., 1985, p. 187).
88   happelourde — a counterfeit jewel, a fellow in whom there is nothing good but an outside (C).

ADRIAN: Elle n'en veut point, mais devant que nous partions elle voudra quelque autre chose.

DOROTHEE: O petit meschant, le mal m'advienne si vous n'estes dur comme un chesne.

5   **LE MEDECIN:** Ha ha ha.

DOROTHEE: Vous en riez, peu d'amitié[,] peu de foy.

LE MEDECIN: Entrons dedans petite friande.[89]

DOROTHEE: O que si j'estois plus forte que vous, comme je me vangerois du martel que me mettez en teste. O quelle rage me vient de vous
10   arracher ces poils d'argent.

LE MEDECIN: Ha ha ha, entrons godinette, [22v] rondelette, doucelette, vien ma toute belle, colombelle, tourterelle.

DOROTHEE: Entrez devant, je vous suy[,] entre encores Adrian. La peste vienne à qui m'a icy amené ce vieil ranceux et poussif, faire caresse à ce
15   glaireux et pourry n'est autre chose sinon embrasser les corps morts, baiser des cailloux,[90] taster des vessies flasques, et flestries, coucher avec des peaux d'un chat mort sans nerfs et sans os, succer un tetin qui n'a point de laict[,] baveux, puant, recreu, qui es deux heures à t'affuster devant que ton marteau en puisse sonner une,[91] va te pendre je n'yray ja.

20   **LE MEDECIN:** Dorothée m'amour venez.

DOROTHEE: Ouy ouy, crie tout ton saoul, courez apres ce beau muguet, que la bosse te vienne hume-urine, ronge-estron. Voicy le Diable qui vient.
[23r]

---

89   friande — a sweet-lips, lickorous companion (C).
90   Dans les éditions de 1562-1582 de *Gl'Inganni*, on lit 'odorar cessi', et à partir de celle de 1585, 'odorar sassi'.
91   [bavoso, passo, puzzolente, che suona due ore campane a martello prima che faccia una botta] fare una botta — faire un coup (sens libre).

DE L'ACTE II.

SCENE II.[92]

Gillette. Dorothée.

GILLETTE: Que fais-tu sur ceste porte, affetée? atten-tu que ton beau pigeon passe? que voila qui est beau se rendre ainsi serve d'un saffrannier. Est-ce là l'obeyssance que tu portes à ta mere? tu ne fais jamais ce que je te commande.

5   **DOROTHEE:** Ains je ne fay que ce que vous m'avez apprins, n'ay-je pas le visage poly, la façon gentille, la contenance gracieuse, soubs lesquels je cache une langue demanderesse, un esprit trompeur, un corps venal, un front hardy, une main ravissante, un entendement subtil? voila le sommaire de vos enseignemens.

10   **GILLETTE:** Adjoustes-y le proverbe de Dame liberée[93], que la Courtisane doit avoir les yeux beaux, le courage faux[,] la face de miel, et le cœur de fiel, le [23ᵛ] visage rare, et l'esprit avare, la bouche riante, et la main trayante. Jadis la bonne ame de ma mere avoit accoustumé de me dire que tes semblables devoient avoir le visage d'aymant pour attirer les cœurs de 15   fer, la main de poix pour prendre toute chose, les parolles de succre pour amorcer et alaicter les personnes, l'Estomach d'Albastre, affin qu'il soit beau et sans pitié: Et pour te le dire en un mot elle devoit estre comme les gluaux que jamais les oyseaux ne touchent qu'ils n'y laissent des plumes.

DOROTHEE: Qui est celuy qui jamais m'a accostée à qui je n'aye rongé 20   les biens, l'estomac, et le cœur?

GILLETTE: Cela est vray. Mais combien de fois t'ay-je dit que tu n'entretiennes point Constant? comme m'as-tu obey? que t'a-il donné, que t'a-il fait porter en la maison[?] O la belle chose, tu cours apres un je ne sçay qui, et te mocques du Medecin, qui[94] s'il ne te peut donner te ruë. Par 25   la mercy [24ʳ] Dieu s'il ne m'apporte de l'argent il n'entrera point ceans, que je te voye plus parler à luy ny[95] mesme luy faire signe.

DOROTHEE: Vous me tueriez plustost je le vous dy.

---

92   Voir *Gl'Inganni*, II iii, La Ruffiana e Dorotea.
93   [donna liberata] dans le texte italien il n'y a pas de lettre majuscule pour 'donna' ni pour 'cortigiana'.
94   EP: que
95   EP: n'y

GILLETTE: Je ne te deffend pas d'aymer ceux qui ne viennent jamais les mains vuydes mais que tu laisses là ces damoiseaux et friquenelles où il n'y a rien à gaigner, fay caresses à ce Capitaine qui revient de la guerre tout chargé d'escus. Entre et vien embrasser le Medecin qui t'a apporté la plus
5 belle robbe du monde. Fay-luy semblant que tu es amoureuse de luy, baise-le, mords-le, accole-le, car il te payera bien.

DOROTHEE: Qui ce vieil pourry, que la peste l'estrangle.

GILLETTE: O sotte! bien-heureuse est celle dont un viel rassotté est amoureux, sçais-tu que dict une clause sur le chapitre troisiesme du livre
10 des quenouilles[96][?] [24v]
Au viel rassotté fay caresses
Si en bref veux avoir richesses.

Et plus bas.
Il fait sa cuisine sans lard,
15 *Qui ne caresse le vieillard.*
Escoute un peu. Si tu voyois un anneau d'or en la bouë, ou quelque belle bague en du fumier, ne te baisserois-tu pas pour les prendre?

DOROTHEE: Pourquoy non?

GILLETTE: La bouë et le fumier c'est le vieillard, et l'anneau et la bague,
20 sont les presens qu'il nous donne, parquoy abaisse-toy un peu, et ne sois desdaigneuse. Sçay-tu qu'on dit, que
Le sot vieillard que l'amour picque,
Est une tres bonne praticque.

DOROTHEE: Hé Dieu, si d'autre je me rend amoureuse, si je mets mon
25 cœur autrepart,
Mon Constant m'ouvre la poictrine,
Et un cruel martel me mine.

GILLETTE: *La courtisane enjalousée,*
Quitte un chacun et abusée
30 *D'un tout seul qui luy semble beau,*
Vit esclave et court au bordeau. [25r]

---

96 [il capitolo delle fiche.] Le livre des quenouilles — la quenouille était souvent synonyme de femme, cf. tenir de la quenouille: être dominé par sa femme (S). Il existe de très curieux *Evangiles des quenouilles* qui consistent en de brèves réflexions accompagnées de gloses amusantes sur les rapports homme-femme; voir, par exemple, *Evangiles des quenouilles*, illustrés par Maurice Leroy, Paris, 1948.

Aucune plus grande ruine ne peut entrer en la maison d'une courtisane que celle-cy, une garce[97] comme toy devenir amoureuse, hé.

DOROTHEE: Si je ne puis faire autrement? J'enten tous les jours chanter ces vers[98] faits de longue main.

> *La Dame qui n'est amoureuse,*
> *Est une fontaine sans eau,*
> *Un corps sans ame, et un anneau*
> *Sans une pierre precieuse.*

GILLETTE: Ouy, mais tourne feuillet, et tu trouveras escrit en grosse[s] lettres:

> *A l'hospital court ceste-là*
> *Qui rien ne grippe et fait cela.*

Et en l'autre page:

> *Pour un plaisir qui tant peu dure*
> *Tout à beau loisir se repent*
> *Celle qui se fait la monture*
> *D'un chacun, et qui rien n'en prent.*

DOROTHEE: C'est bien dit. Qui est l'amoureux qui se vante avoir rien gaigné avec moi? Là où je m'attaque, je n'y[99] laisse nom plus que si la gresle y avoit passé. Vous verrez comment je sçauray bien aujourd'huy plumer ce [25ᵛ] capitaine laisse[z]-moy faire, et si je ne luy feray pas bravement croire que j'ay un enfant de luy[100], permettez seulement que je jouysse de cestuy seul.

GILLETTE: Tu as raison, envoye-luy encores des presens, à l'hostel friande, presomptueuse, quelle outrecuydance est cecy? Il luy est advis qu'elle en sçait plus que moy. Entre viste, à qui parlé-je?

---

97 garce — fille mais aussi 'putain'; wench, girl; a punk or whore (C).
98 EP: vets
99 EP: ny
100 'Dorothée fait croire au Capitaine, pour lui extorquer de l'argent, qu'il est le père d'un enfant dont elle prétend avoir accouché: intrigue qui vient encore de Plaute, mais du *Truculentus*, et non du *Miles*', Marie Delcourt, *La Tradition des comiques anciens en France avant Molière*, Paris, 1934, p. 45.

DE L'ACTE II.

SCENE III.[101]

Fortunat. Constant. Valentin.

FORTUNAT: Vous soyez le bien venu seigneur Constant, Dieu soit loué que vous me croirez une autre fois.

CONSTANT: Qu'y a-il?

VALENTIN: Ce qui n'est point, et ne peut estre, et ne sera jamais.

5   **CONSTANT:** Laisse-le dire: Qu'est-ce qu'il y a de bon? [26r]

VALENTIN: Songes, nuées, chimeres, chasteaux en Espagne.

FORTUNAT: Faveurs asseurées, promesses certaines, secours opportun, argent content que ma maistresse vous a appresté, elle vous prie tant seulement, comme je vous ay dit une autre fois, que veniez secrettement
10   parler avec elle, mais que la mere n'en sache rien. Et que baillant cet argent à sa mere, vous faciez faire un contrat bien asseuré, afin que puissiez rire ensemble tout le long de l'année.

CONSTANT: En bonne foy recevray-je donc cet argent?

FORTUNAT: Ouy vous dis-je, si ne l'avez prenez-vous-en à moy.

15   **VALENTIN:** Si cela se fait le monde ira à rebours, les questeurs[102] seront honteux, les Espagnols modestes, les Allemens sobres,[103] et tout ira sens[104] dessus dessoubs.

> *L'Aigle aura l'asne pour compagne,*
> *Le bœuf, et le gourmand pourceau,* [26v]
20 > *Feront le plongeon dedans l'eau,*
> *Et la mouche prendra l'yraigne.*
> *Plus ne nous produira la terre*
> *Ny herbes, ny fueilles[,] ny fleurs,*

---

101 Voir *Gl'Inganni*, II v, Fortunato, Gostanzo, il Vespa; II iv, La Balia (la nourrice) e Silvestra, a été omise.
102 [vergognosi i frati.] Cf. 'one who has a licence to beg' (C) et 'qui fait la quête pour les pauvres' (Sainte-Palaye, *Dictionnaire historique de l'ancien langage françois*, Niort, 1875) (S-P).
103 Cf. 'Le superbe Espaignol, et l'yvrogne Thudesque', Du Bellay, *Les Regrets*, LXVIII, v. 11.
104 EP: sans

> *L'arc-en-Ciel sera sans couleurs,*
> *Et la paix aymera la guerre.*
> *Le Printemps sera sans verdure,*
> *L'Esté sans espics et chaleurs,*
5 > *L'Automne sans des raisins meurs,*
> *Et l'Hyver sans glace et froidure.*

FORTUNAT: Ne t'en recules pas trop, Valentin, tu le verras aujourd'huy, que veux-tu d'avantage?

VALENTIN: Peut-estre, mais il est incroyable.
10 > *Plustost se taira la cigalle,*
> *Et la grenouille fuyra l'eau*
> *Que ne soit d'une putain sale*
> *L'Amant plum[é] jusqu'à la peau.*

FORTUNAT: Vous le verrez, venez-vous-en avec moy, toutesfois laissez-
15 moy aller un peu devant, afin que je l'advertisse, et que la mere ne vous voye point sans argent, ne me voulez-vous pas croire?

CONSTANT: O gentil Fortunat conservateur [27ʳ] de ma vie[,] ne me donnes point une alarme!

FORTUNAT: Ha, venez sur ma foy, et envoyez seulement Valentin querir
20 un Notaire.

VALENTIN: Mettez-y telles clauses et conditions que voudrez, la vieille mastine de mere ne laissera de vendre sa fille mille fois le jour.

FORTUNAT: Va querir le Notaire, fay ce qu'on te dit, et ne causes point tant.

25 **VALENTIN:** J'y vas, mais escoutez, souvienne-vous de ce que je vous vas dire: Si trouvez qu'elle ayt pitié de vous, et qu'elle vous donne cest[105] argent, faites bonne mine, monstrez-vous courroucé, laissez-vous prier, ne descouvrez du premier coup vostre ennuy, parce qu'és guerres d'amour celuy qui fuit est le vainqueur.

30 **CONSTANT:** Et si je la faschois, luy monstrant si peu d'amitié en recompense d'un si grand bien-fait?

---

105 EP: c'est

VALENTIN: Faites ce que je vous dy, il n'y a [27ᵛ] point de danger, ces couroux sont proprement la saulse et la moustarde d'amour.

CONSTANT: Il faut se donner garde, Valentin, que ceste moustarde ne luy entre trop au nez.¹⁰⁶

5   **VALENTIN:** Ha, laissez-vous une fois gouverner, monstrez qu'avez du courage, feignez vouloir prendre congé, faites-vous prier.

CONSTANT: C'est assez, voila Fortunat à la porte qui me fait signe, je le vas trouver, et toy va-t'en où je t'ay dit.

DE L'ACTE II.

SCENE IIII.¹⁰⁷

Severin, et Patrice *vieillards.*

SEVERIN: En fin, Patrice, je ne croy point qu'il y ait chose plus difficile
10   que se retenir de chastier celuy qui de jour en jour te fait une notable injure estant en ta puissance de ce [28ʳ] faire. Penses-tu depuis que la sage-femme m'a confessé la verité, comment à toute heure, à tout moment, le cœur me boüilloit de colere, et mon courage s'allumoit à la vengeance de l'injure et meschanceté que Robert m'a fait?

15   **PATRICE:** De grace tenez les resnes à vostre couroux jusques à ce qu'il soit temps, car quand le messager qu'on a envoyé pour apprendre de l'estat et de la parenté de Robert, aura rapporté ce qui en est, s'il se trouve qu'il soit de maison roturiere et incogneuë, et qu'il n'ait point de moyens, alors l'on pourra trouver l'expedient de s'en deffaire, en sorte qu'on n'en parlera
20   jamais. Cependant vostre fille fera ses couches et apres pourra honorablement estre mariée.

SEVERIN: Honorablement, ha, et la conscience de l'homme ne sert-elle pas de mille tesmoins? De mille accusateurs? N'est-ce pas assez pour me faire mourir? Ha! petit traistre, me [28ᵛ] vituperer de la façon, et que je te
25   pardonne?

---

106   Cf. la moustarde lui entre au nez — il est gagné par la colère, l'impatience (S).
107   Voir *Gl'Inganni*, II vi, Tullio e Massimo, vecchi.

PATRICE: Que sçait-on, il peut paraventure estre vray ce qu'un honneste homme d'Orleans m'a autrefois dit, que Robert a prou de moyens, n'estoit que son pere est prisonnier, et que ses parens qui se sont faits maistres de ses facultez, ne se soucient d'employer un liard pour racheter le pere et les
5   enfans. Et en verité, sa modestie et honnestes façons, monstrent qu'il a esté bien nourry, et est de maison.

SEVERIN: Ouy, mais l'aigreur de l'injure est si grande qu'elle empoisonne et envenime tous les services qu'il m'a faits.

PATRICE: Allons au jardin passer cet ennuy, et ne retournons jusques à
10   ce soir pour leur donner meilleur loisir. Cependant pensez à cela le moins qu'il vous sera possible.

SEVERIN: Il est bien aisé à ceux qui sont sains de conseiller les malades. Tu sçais bien que la langue oint où la [29r] dent poing. Si ce ver te rongeoit autant le cœur qu'à moy, tu ne serois peut-estre si doux et indulgent comme
15   je suis.

DE L'ACTE II.

SCENE V.[108]

Constant. Dorothée.

CONSTANT: Jouissez paisiblement de vos nouveaux amoureux, prenez du bon temps avecques eux, caressez-les, je ne m'en soucie pas. Pourquoy me tenez-vous? Pourquoy me priez-vous? Laissez-moy aller, laissez-moy.

DOROTHEE: Je n'en feray rien.

20   **CONSTANT:** Pourquoy retenez-vous un qui vient tousjours les mains vuides, qui ne vous a jamais donné chose qui vaille, laissez laissez, pourquoy tenez-vous un qui ne vous ayde.

DOROTHEE: Pource que je ne puis et ne veux vivre sans vous, mon sang. [29v]

---

108   Voir *Gl'Inganni,* II vii, Gostanzo e Dorotea; II viii, Gostanzo solo.

CONSTANT: Voicy la fin de nos amours. Voicy le dernier ennuy que je vous donneray jamais, les dernieres larmes, les derniers soupirs, à Dieu. Cependant demeurez en paix eternellement.

DOROTHEE: O Dieu! ô moy miserable! en paix? à qui mille martyrs, vous qui estes ma paix, s'esloignant de moy, feront la guerre? Ha cruel Constant, ha, ingrat, abandonner ainsi sans cause celle qui meurt pour vous. Où est la foy, où est l'amour accoustumé? Hé, seul soutien de ma vie[,] ne m'abandonnez pas.

CONSTANT: Laissez-moy, que vous importe mon amour, laissez-moy.

DOROTHEE: Que m'importe la chose dont depend ma vie? Ha cruel.

CONSTANT: Dieu vous donne assez de biens, laissez-moi.

DOROTHEE: Je ne puis avoir aucun bien si je ne le reçoy de vostre main. Ma joye, vous estes mon bien, vous estes ma paix, vous estes mon tout, vous estes ma vie. [30r]

CONSTANT: Adieu, je ne sçaurois plus endurer les façons de faire de vostre mere.

DOROTHEE: Elle sera cause de ma mort, si elle me prive de vous mon cœur.

CONSTANT: Laissez-moy aller où mon sort inique me meine.

DOROTHEE: Pourquoy ne demeurez-vous icy avec moy?

CONSTANT: Parce que l'insupportable avarice de vostre mere m'en chasse, demeurez avec Dieu pour tousjours.

DOROTHEE: Pour tousjours helas! hé mon bien[,] où voulez-vous aller sans moy[?]

CONSTANT: Mourir desesperé. Voicy la derniere fois que vous me verrez.

DOROTHEE: Vous me ferez mourir et non vous, je le sçay bien.

CONSTANT: O mauvaise, vous me faites pleurer avec vos larmes de cocodrille, je ne puis plus m'en garder. Baisez-moy, traistresse, baisez-moy.

DOROTHEE: Amour me serre si fort le cœur que je ne puis plus parler.

5 CONSTANT: Ha petite meschante, combien [30v]grand confort, recevroy-je de ces tiennes larmes, si elles venoient du cœur.

DOROTHEE: Elles ne me partent du cœur? ô Constant Constant, si le martel en estoit sorty, si tu sentois ce que je sens au dedans, tu ne prendrois plaisir de me tourmenter ainsi.

10 CONSTANT: O Dorothée Dorothée, si ce depart te faisoit aussi[109] grand mal qu'à moy, tu ne me refuserois pour un brave malotru.[110]

DOROTHEE: Il ne m'en fait mal ô cruel et sans foy, tenez ouvrez-moi l'estomach de vos mains, mirez-vous dedans, et ne me faites mourir par vostre grande dureté, par vostre cruelle et meurtriere incredulité.

15 CONSTANT: Que je vous offense, que je vous tuë? Vous à qui je voudrois donner mes ans propres. Ne sçavez-vous que sur ce bel estomach repose mon cœur? Que c'est le giste de ma vie?

DOROTHEE: Baisez-moy m'amour, embrassez-moy.

CONSTANT: Ce seroit un plaisir si vostre [31r] mere n'estoit si mauvaise.

20 DOROTHEE: Ne vous ay-je pas dit que ce qu'elle en fait, est afin que nostre pauvreté ne nous contraigne vous escorcher seul? Laissez-nous ce peu de temps traire ces deux bestes plaines de laict. Ce capitaine vient de la guerre avec argent frais, ainsi Dieu me garde entiere en vostre amour, comme à peine aura-il un baiser de moy, le reste je vous le garde, mon 25 Thesaur.

CONSTANT: Voyez si vous n'estes pas mauvaise, voulez-vous que celuy avec lequel vous avez une ancienne familiarité venant de loing, et vous apportant des dons infinis, se contente d'avoir seulement un baiser, à qui

---

109 EP: ainsi
110 malotru — forlorn, wretched, miserable (C).

voulez-vous vendre vos coquilles?[111]

DOROTHEE: Ne vous ai-je pas conté que ce capitaine pense m'avoir laissée grosse, je veux feindre avoir fait un enfant, que Silvestre m'apportera tout à ceste heure, et me monstreray encores toute malade et incertaine de [31�v] ma santé. Ho, pensez-vous, quand je luy voudrois
5   bailler autre chose que je le peusse faire sans vous. De grace accordez-moi tant seulement deux heures de temps, mon œillet,[112] et je seray apres entierement vostre tout le long de l'année, qu'autre n'y[113] aura part.

CONSTANT: Faites à vostre mode jusques à ce que je puisse avoir de l'argent, et lors je lieray si estroitement vostre mauvaise mere qu'elle n'en
10   eschappera pas comme elle voudroit bien.

DOROTHEE: Vous l'aurez certes, envoyez icy Robert, et vous verrez combien je vous ayme, et si je ne prise pas plus vostre amour que toutes les richesses du monde.

CONSTANT: Voila le succre dont vous couvrez la medecine que me
15   donnez. Je vous veux contenter. Donnez-vous du plaisir avec ce nouveau amant. Cependant je pauvre banny m'en iray sans confort blasmant la tardité des heures.[114]

DOROTHEE: Allez où il vous plaira, car mon [32ʳ] cœur s'en va avecques vous, mais baisez-moi premier.

20   **CONSTANT:** Je suis contant, ô traistresse cecy n'est autre chose que mettre le feu pres le souffre.

DOROTHEE: Pleust à Dieu que nous fussions ainsi ensevelis.

CONSTANT: Je m'en vas et laisse mon esprit sur vos belles levres de roses et de succre.

25   **DOROTHEE:** Et le mien s'en va avec vous, et je demeure icy froide, morte et sans ame.

---

111 [Con chi pensi tu parlar?] Cf. 'A qui vendez vous vos coquilles? à ceux qui viennent de S. Michel? Why should you think to cousen us, that are as cunning as your selves? tis ill haulting before a cripple' (C); vendre ses coquilles — en faire accroire, se moquer, tromper (S); cf. bailleur de coquilles — planus, impostor (N).
112 œillet — terme d'affection, mon petit œil.
113 EP: ny
114 Le français atténue l'italien de Secco — 'bestemmiando la tardità dell'ore'.

CONSTANT: Adieu.

DOROTHEE: Adieu, Envoyez icy Robert, et si tost qu'aurez l'argent revenez avec le contract, entendez-vous, m'amour?

CONSTANT: O que malheureuse est ma condition, que je ne puis vouloir
5   ce que je veux, je cours apres ce qui me fuit. Ce cruel tiran ne me laissera jamais en paix, il me chasse, il me tient, il me gehenne, il me desrobe, il m'escartelle, il m'espouvante, il me tuë. Je suis desormais si hors de moy que [32ᵛ] je ne sçay que je fais ny que je veux. Là où je suis je ne suis pas, et là où je ne suis pas, je suis. Ce que je ne veux pas, je veux: Et ce que je
10   veux, je ne veux pas. La vieille me chasse, la jeune me retient. Ceste-cy me console, ceste-là me desconforte. L'amour m'esguillonne à luy donner, ma pauvreté me le deffend, celle-là me desrobe, ceste-cy me donne. Helas! quelle tempestueuse onde est ceste-cy qui combat ma pauvre amoureuse ame? Tantost je suis dessus, tantost dessous, maintenant au Ciel, et ores au
15   profond de la terre.

DE L'ACTE II.

SCENE VI.¹¹⁵

Le Capitaine.¹¹⁶ Bracquet *son serviteur*.¹¹⁷

BRACQUET: Ha, ha, ha.

LE CAPITAINE: Tu t'en ris, grosse beste.

BRACQUET: Ha, ha, ha. [33ʳ]

---

115 Voir *Gl'Inganni*, II ix, Il Capitano e lo Straccia.
116 'Ce qui forme l'intérêt comique de ce type, c'est l'antithèse continuelle entre le grand courage que révèlent ses discours et la grand'peur qui paraît à ses actions, et l'antithèse n'est pas moins frappante si l'on compare les vols lyriques de sa fantaisie surexcitée, rêvant la gloire des armées innombrables fuyant à son approche, la splendeur d'une vie princière, les dames et les demoiselles tombant en extase devant lui, à la triste réalité qui l'entoure, réalité de pauvre soldat d'aventure, pour qui ne soupirent que les créanciers et que les valets mêmes bafouent et frappent' (P. Toldo, art.cit., p. 256).
117 'La figure du capitaine fait ressortir une autre variété de valet, c'est à dire celui qui est attaché à sa personne, qui en vivant à son côté, comme parfois Arlequin dans la comédie de l'art, en a contracté quelque peu la crânerie, mais qui est le plus souvent chargé de dévoiler les fanfaronnades de son seigneur, de lui montrer les trous des souliers et du manteau, de l'avertir qu'il est temps de battre en retraite, opposant son ventre rebondi et son sens pratique d'enfant du peuple, à l'idéalité chimérique poursuivie par son maître' (P. Toldo, art.cit., p. 258).

LE CAPITAINE: Ouy, ouy, je luy donnay un coup de pied au cul si furieusement, que je luy rompy le col sur la place. Mais que dirois-tu, qu'ayant mis la main à la barbe de son compagnon je la luy tiray d'une telle roideur que je la luy arrachay toute nette, et la machoire quant et quant, si
5   que le pauvret demeura sans menton et tout desfiguré.

BRACQUET: Ha, ha, ha. Et ceste beste-là s'eschappa ainsi sans machoire?

LE CAPITAINE: Il s'eschapa.

BRACQUET: Comment peut-il manger?

LE CAPITAINE: Il vit de choses liquides. Que dirois-tu, qu'il n'y a pas
10   long-temps qu'en l'hostellerie des cinges,[118] je trouvay[119] une trouppe de fendans[120] qui beuvoient, l'un desquels par sa male fortune s'attaqua à moy, pour raison de la seance à table, je qui n'ay accoustumé frapper telle canaille avec les armes, m'accostay de luy avec un visage riant, puis luy baillay sur une temple un coup de poing si penetratif et bien assis, que les
15   assi-[33ᵛ]stans virent les nœuds de mes doigts sortir par l'autre oreille.

BRACQUET: Les nœuds de vos doigts?

LE CAPITAINE: De mes doigts, ouy.

BRACQUET: Par l'autre oreille!

LE CAPITAINE: Ouy par l'autre oreille. Toute la compagnie s'esleva
20   contre moy, qui me donna occasion de faire preuve par ma foy, ridicule, ha, ha, ha. En premier lieu, je ne laissay aucun qui ne portast mes marques[,] à l'un j'escrasay le nez, à l'autre je deschiray les oreilles, à cestuy-cy j'esgraffignay les jouës, à cet autre je plumay les cheveux, mais de mille coups que je fis lors, deux me pleurent grandement. Le premier, c'est que je
25   donnay un si grand coup sur les chesnons du col d'un miserable, que les deux yeux luy tomberent visiblement en terre.

BRACQUET: En terre?

LE CAPITAINE: En terre.

BRACQUET: Bon soir et bonne nuict!

---

118 [nell'osteria della Scimia] cinge/singe — convoiteux, malicieux (S).
119 EP: trouvey
120 fendant — swaggerer, swash-buckler (C).

LE CAPITAINE: L'autre[,] je laschay un revers[121] si furieusement à un qui avoit fait semblant de mettre la main à l'espée, [34r] que l'ayant failly, l'impetuosité du vent qui sortit de ma main luy mit le feu en la barbe, si qu'elle luy fut bruslée toute d'un costé. Si j'estois vanteur, je sçay que je 5 dirois, mais tousjours le taire m'a pleu, et cependant manier les mains. Il est malseant à un homme se vanter, car quoy qu'il en soit la verité est tousjours cogneuë. Je sçay que je suis monstré au doigt par les ruës, depuis que je chargeay si bien ces Anglois coüez qui descendoient et prenoient terre à Dieppe.[122] Ne crois-tu pas que chacun parle de moy?

10 **BRACQUET:** Jusques aux cabarets, aux petites ruelles destournées, en la rue des Muets,[123] on parle de vous, on vend desja l'histoire imprimée de vos beaux faits.[124]

LE CAPITAINE: Le sçais-tu bien, par ta foy.

BRACQUET: Si je le sçay bien, n'en vendoit-on pas hier des chansons au 15 coing des Malheureux?[125] Je voudrois que vous y eussiez esté present. O que vous eussiez esté ayse, on les bailloit [34v] pour deux liards. Hé, comme le poltron les chantoit bien et sur un bon chant. O quelle rime, je pense que je vous diray bien quelque chose du commencement.

LE CAPITAINE: Et ceste legende me nomme-elle par mon nom? Dy, 20 dy[,] je te prie.

BRACQUET: Or escoutez si cela se peut entendre d'autre que de vous.
Si voulez ouyr les faits d'armes
Et prouesses de Brancquefort,

---

121 un revers — un revers de main ou d'épée qui est jeté tournant la main ou épée en dehors (N); a back blow, clap, troke, blow with hand or sword (C).

122 [da che solo sbarattai quel branco di Iannizzeri ch'era smontato in terra d'Otranto.] Larivey (voir Introduction, p. IX) a transposé les références dans un contexte français. Les Anglois ont débarqué à Dieppe au printemps de 1591. Godefroy (*Dictionnaire de l'ancienne langue française*, Paris, 1881-1902) cite *Les Tres Elegantes et copieuses annales [...] des Gaules* de Nicole Gilles (1531) pour expliquer pourquoi les Anglois étaient 'couez': 'En l'an cinq cens .IIIIxx..XIX., sainct Augustin fut par saint Gregoire, lors pape de Romme, envoyé en Angleterre pour prescher et publier la foy de Jesuchrist et a sa predication se firent baptiser Eldret, roy d'Angleterre, et sa gent. Et advint que ledit sainct Augustin alla pour prescher en ung territoire qu'on appelle Dorocestre, auquel lieu les gens d'icelluy territoire, par mocquerie et derision, luy attacherent a ses habillemens des reynes ou grenouilles. Et depuis ce temps, par pugnition divine, ceulx qui naissoient audit territoire ont des queues par derriere comme bestes brutes, et les appelle on Anglois couez.'

123 [Fin l'osterie e chiassi] Il se peut que les traductions de noms de lieux soient des jeux de mots qui auraient été appréciés par les habitants de Troyes. La rue des muets correspondrait, donc, à la rue du cimetière.

124 [della tua asineria] — Larivey préfère employer un ton ironique.

125 [in piazza] Le coing des Malheureux? Les Troyens appelaient-ils ainsi le quartier des abattoirs?

Qui un camp entier de gens d'armes
Par sa vaillance a mis à mort,
Escoutez ce que je veux dire
Et je vous feray trestous rire.

5   **LE CAPITAINE:** O que cela est bon, acheve.

BRACQUET: Je ne me souviens du demeurant, tant y a que c'est une chose belle, aussi ne peut-elle estre autre, puis qu'on parle de vous.

LE CAPITAINE: A-on mis les ruynes, les combats, les duels, les hazards, les bruslemens, les fuites des ennemis, les poursuites, nos retraites bien que
10   rares, les escarmouches[,] les sieges, les [35ʳ] victoires, tout cela y est-il par le menu?

BRACQUET: Nenny, de par le diable, nenny, par le menu? faites vostre compte que le tout ne pourroit tenir en trois rames de papier.

LE CAPITAINE: J'estois bien esbahy, car il ne peut estre autrement.
15   Voyez comme les choses se sçavent[.] D'où diable ont-ils sceu cela veu que je n'en parlay jamais à personne. Voila grand cas.

BRACQUET: En fin tout le monde vous cognoist pour tel que vous estes.

LE CAPITAINE: La presence sert encores de beaucoup, combien de malotrus, tremblent-ils quand ils me voyent sans sçavoir autre chose de
20   moy, ha ha ha, je me ry que, comme je rouille les yeux en la teste, et fronce mes sourcils, je voy le peuple tout paoureux, la canaille paslir, les coquins me redouter, les femmes souspirer apres moy. O si je n'avois autre chose à faire, combien de pauvrettes rendrois-je jalouses jusques au mourir, [35ᵛ] avec quelle devotion penses-tu que Dorothée que j'ay laissée grosse
25   m'attend? la friande tomba pasmée quand je party, il y a presque dix mois je pense qu'elle a enfanté.

BRACQUET: Allons la trouver.

LE CAPITAINE: Atten, je me veux un petit parer affin que je luy plaise d'avantage.

30   **BRACQUET:** Vous luy plairez bien ainsi.

LE CAPITAINE: Accoustre-moy mes chausses, nettoye-moy, entre icy.

DE L'ACTE II.

SCENE VII.[126]

Silvestre, *vielle servante*. Dorothée. Le Capitaine.
Braquet *sans parler*.

SILVESTRE:[127] Ceste coiffure de nuict vous sied fort bien, vous ressemblez proprement une accouchée. Quand le Capitaine viendra laissez-vous aller, rendez vostre voix debile et tremblante, lamentez-vous, recomman-[36r]dez souvent l'enfant à la nourisse. Ce pendant je prendray
5 garde quand le brave viendra.

DOROTHEE: Mettez-moy cest oreiller soubs les reins, encores un peu plus bas, ainsi le voila bien.

SILVESTRE: Prenez encor ceste robbe fourrée sur vous et ce coussin soubs vostre coude, je vas espier quand il viendra, mais faites bien.

10 **DOROTHEE:** Voulez-vous apprendre aux chats à esgratigner et aux lievres à courir, laissez faire à moy, si je luy laisse une chemise sur le dos il s'en pourra contenter.

SILVESTRE: Voicy le Capitaine qui vient, je l'ay veu.

DOROTHEE: Est-il encores bien loin?

15 **SILVESTRE:** Icy pres, il se haste, il vous pourra bien ouyr à ceste heure, plaignez-vous ma maistresse, lamentez-vous.

DOROTHEE: Nourrisse baillez le tetin à cest enfant[,] bercez-le, ne le laissez crier. O quel tourment est celuy des pauvres meres, je ne l'eusse jamais pensé, helas je n'en puis plus. [36v]

20 **SILVESTRE:** Le voicy, faictes bien la malade. Dieu vous gard[128] de mal Seigneur Capitaine. JESUS que je suis ayse de vous veoir en bonne santé, vous soyez le bien revenu, vrayement vous vous estes bien fait attendre.

---

126 Voir *Gl'Inganni*, II x, La Ruffiana, Dorotea, Silvestra; II xi, Dorotea, Silvestra, Capitano, Straccia.
127 Dans *Gl'Inganni*, cette réplique et la suivante de Silvestre sont prononcées par La Ruffiana-Gillette que Larivey a préféré couper de cette scène.
128 EP: gerd

LE CAPITAINE: J'ay ruyné cent Citez depuis que ne m'avez veu, toutesfois je n'ay jamais manqué de vous saluer par mes lettres de main en main.

SILVESTRE: Il est vray, mais qui ayme fort, veut autre consolation que
5 de lettres, combien de larmes, combien de souspirs, mon Dieu.

LE CAPITAINE: Est-il vray, comment se porte-elle?

DOROTHEE: Helas! ô quel tourment. JESUS!

SILVESTRE: Fort mal depuis qu'elle ne vous a veu, escoutez comme la pauvrette se plaint.

10 **LE CAPITAINE:** Est-elle accouchée.

SILVESTRE: Elle a fait le plus beau petit garçon du monde.

LE CAPITAINE: Me ressemble-il? dy vray.

SILVESTRE: Comme deux gouttes d'eau, le petit meschant ne veut en façon quel-[37r]conque tenir ses mains liées, il veut tousjours un cousteau
15 au poing, il a desja un courage de Lyon.

LE CAPITAINE: Ho, ho, il est mien, voila le meilleur signe que je voye, car quand j'estois en maillot, j'arrachay un œil à ma nourrisse, parce qu'elle me vouloit menasser.

SILVESTRE: La dolente[129] a esté quinze jours enfermée en la chambre, et
20 maintenant s'est un peu fait porter à l'huys pour prendre l'air. Dieu vueille que ceste licence qu'elle s'est donnée sans l'ordonnance du Medecin ne luy face mal. Quand quelcun a mal toute chose luy nuit.

LE CAPITAINE: Entrons. Atten icy Bracquet, jusques à ce que je te face appeller.

25 **DOROTHEE:** O chetive que je suis! où es-tu allée Silvestre? que fais-tu? où es-tu? tu me laisse bien icy toute seule sçachant en quel estat je suis.

SILVESTRE: Escoutez, elle se trouve mal, elle m'a appellé. Madame prenez courage[,] je vous apporte la meilleure nouvelle du monde. [37v]

---

129 dolente — celle qui souffre.

DOROTHEE: Je ne puis avoir bonne nouvelle jusques à ce que mon amy soit revenu de la guerre.

SILVESTRE: Et s'il en est de retour? et s'il est icy?

DOROTHEE: Qui mon œil? mon ame? mon repos? ô ma vie vous soyez
5   le bien arrivé.

LE CAPITAINE: Le foudre de la guerre ayant quitté les armes, retourne gaillard reveoir sa tres chere Dame, et s'esjoüit de la trouver hors de danger, enrichie d'un beau petit garçonnet.

DOROTHEE: Vous soyez le tresbien venu mon cœur, je suis quasi morte,
10   je sçay que me plantastes des douleurs au corps, qui m'ont mal menée, helas, ô Dieu! ô quelle douleur!

LE CAPITAINE: Ne te fasches du travail, ma joye, puis que tu es delivrée d'un beau petit garçon, qui, s'il ne forligne de la vertu et force du pere, emplira bien tost ta maison des despouilles ennemies.

15   **DOROTHEE:** Il seroit bien meilleur qu'elle [38ʳ] fust plaine de bled, affin que la faim ne nous estrangle, avant que ce temps vienne.

LE CAPITAINE: Faim? peu de courage, peu de foy, pren cœur.

DOROTHEE: Vous voyez comme je suis, je me trouve encores toute foible et debile, prestez-moy un peu vostre bras je vous prie, mon bien, je
20   ne puis encores soustenir ma teste.

LE CAPITAINE: Je viendrois au travers des ennemis, les armes au poing, et au milieu des harquebouzades, te soulager, ô ma douce bouchette, ô mon ame savoureuse, ce n'est sans cause que je te porte si grande affection, mon petit œil.

25   **DOROTHEE:** Vous me le monstrez mal demeurant si long temps.

LE CAPITAINE: Tu le verras tantost. Je t'ay fait apporter les deux plus beaux petits chiens du monde,[130] qui ne sont pas si gros que le poing, blancs comme neige, et barbets[131] jusques aux pieds, par la mort de Pilate,

---

130   Chez Secco il s'agit de 'due schiave turche', deux esclaves turques.
131   barbet — a water-spaniel or any shag-haired dog (C). Il y a pourtant une certaine ironie que le Capitaine propose des barbets à Dorothée, parce que les barbets associés avec l'amour signifiaient une perte ou la malchance, cf. Pour Venus advienne Barbet le chien: loss, or ill luck (C).

c'estoit le present qu'un Prince d'Allemaigne en-[38ᵛ]voyoit au Roy, que j'ay osté au Colomnel des Reistres[132] qu'apres j'ay fait mourir ayant deffait toute son armée.

DOROTHEE: Me voila bien refaicte, il ne me falloit que cela pour ayder à
5　manger nostre pain. Toutesfois j'ayme bien tout ce qui me vient de vostre part, mon mignon, il faudra que les nourrissiez et moy aussi.

LE CAPITAINE: Ne te soucie point de cela, ma tourterelle, entrons, ho, combien vous les aymerez car ils sont gentils, masle et femelle, ils t'en feront des petits où tu prendras plaisir, ils jappent, ils courent, ils mordent,
10　ils vont requerir, ils r'apportent, bref ils font merveille. Bracquet, apporte ce velours, en voicy du figuré[133] beau par excellence pour te faire une cotte, mon cœur.

DOROTHEE: Me voila bien pourveuë, pour un si grand mal un petit present, je voy bien que devenez vilain, un si grand bien fait ne se paye
15　point qu'avec grande ingratitude, vous vous [39r] en allastes beau sire, et me laissastes icy grosse, desesperée à cause de vostre depart, et sans aucune provision, je sçay la façon de faire des gens de guerre. Ils leschent environ quatre jours leurs amoureuses[134] et puis les laissent là.

LE CAPITAINE: La pasque est plus haute que je ne pensois, cest enfant
20　me coustera. Braquet, baille encores ceste piece de bural de soye[135], et ceste autre de camelot[136] de Turquie. Tenez mon bien, contentez-vous, aymez-moy, ne vous faschez point.

DOROTHEE: Je me contente, je vous pardonne, mais encores faut-il payer les façons de ces accoustremens.

25　**LE CAPITAINE:** Faictes venir le tailleur, et me laissez faire.

DOROTHEE: O ma vie, O mon bien, que ce soit donc tout à ceste heure, car vostre presence fait pœur à tous mes maux, baisez-moy m'amour, baisez-moy. [39ᵛ]

132　Voir Introduction, p.VII.
133　'branched velvet' (C).
134　EP: amoureuse
135　'silke-rash; or any kind of stuffe thats halfe silke, and halfe worsted' (C).
136　'sorte d'étoffe fine, faite d'abord de poil de chameau, puis de poil de chèvre souvent plus ou moins mélangé de soie' (E. Huguet, *Dictionnaire de la langue française du XVIe siècle*, 1925-1967).

DE L'ACTE II.

SCENE VIII.[137]

Gillette. Dorothée. Le Capitaine.

GILLETTE: Voicy, mon Capitaine, un beau present que je vous fay, un beau musequin qui vous ressemble plus que mousche. Je sçay que ne sçauriez dire qu'il n'est pas vostre. O quel visage de brave! c'est vous tout craché, c'est vostre nez, vostre front[,] vostre bouche, vos yeux tout faits
5   excepté qu'ils ne sont pas droictement si chastaigners, voyez, regardez comme il se demeine le meschant, il rit, qui est cestuy-cy? Papa. O quel beau poupard, baisez-le, tenez-le, prenez-le entre vos bras, faictes-luy caresse.

DOROTHEE: Ho, pour l'amour de Dieu ne le laissez pas cheoir.

10   **LE CAPITAINE:** Je vous prie ne me le laissez point entre les mains, car je ne sçau-[40r]rois si peu le presser que je ne lui froisse les os[,] tant j'ai la prinse forte.

DOROTHEE: O pauvrette que je suis, ne lui laissez pas. Le traistre m'a quasi faict mourir, ha, helas! je ne me porte encore point bien, helas!

15   **GILLETTE:** Il est besoin que faciez provision de beaucoup de choses. Il faut du vin pour la nourrisse affin qu'elle ayt plus de laict, car il ne cesse de tirer nuict et jour, il la mange, il faut des langes, des couches, des drappeaux, des beguins, de la fleur, du laict, de l'huille, des chandelles, du bois, du charbon, des fagots, et mille autres choses qu'il faut tous les jours,
20   je sçay bien qu'il m'en couste.

LE CAPITAINE: Cela est raisonnable, tenez, voila dix escus.

GILLETTE: Et le salaire de la nourrisse, deux escus par mois.

LE CAPITAINE: En voila quatre, qu'y a-il d'avantage?

GILLETTE: Baillez encore à la pauvrette de quoy avoir un pelisson, affin
25   qu'elle ait meilleur courage de se lever la [40v] nuict quand l'enfant crie.

---

137 Voir *Gl'Inganni*, II xii, La Ruffiana, Dorotea e il Capitano.

DOROTHEE: Elle le merite.

LE CAPITAINE: Tien bonne beste, voila encore trois escus. Je voy bien que cest[138]enfant me coustera bon.

DOROTHEE: Et à la pauvre Silvestre, je fusse morte si elle ne m'eust
5   secouruë, je sçay qu'elle a eu sa part du travail.

LE CAPITAINE: C'est raison, voila quatre escus pour elle, il me couste desja plus de cent escus d'estre aujourd'huy venu ceans.

GILLETTE: O miserable pouilleux, ce petit mignon en vaut plus de cent mille, vous avez un peu de mal à la bourse et la dolente a esté malade au
10   mourir, vous n'y[139] pensez pas.

DOROTHEE: Helas, ô que je me trouve lasse! ostez-moy d'icy, le vent me fait mal à la teste. Aydez-moy ma mere, Capitaine prestez-moi la main, soustenez-moy.

LE CAPITAINE: Tres volontiers, appuyez-vous sur moy, laissez que je la
15   meine tout seul, car avec la force de ce bras, je leverois un Elephant, ne vous lais-[41r]sez pas aller, ains soustenez-vous bien mon cœur, cancre que vous avez le cul pesant!

DOROTHEE: Les forces me defaillent, je le vous dy.

GILLETTE: Dieu soit loué que tu es hors de danger. Je voudrois que
20   l'eussiez veuë il y a huit jours. La mort et elle c'estoit tout un. Ce ne sera mal fait seigneur Capitaine que la laissiez un peu reposer. Revenez sur l'heure du disner nous mangerons de compagnie.

LE CAPITAINE: Je le veux bien. Ma vie prenez courage, ne vous souciez de rien.

25   **GILLETTE:** Sylvestre! ô Silvestre! la voicy, laissez-la mener à nous deux. Allez-vous-en, Adieu.

LE CAPITAINE: Adieu.

---

138 EP: c'est
139 EP: ny

DE L'ACTE II.

SCENE IX. 140

Le Capitaine. Braquet.

LE CAPITAINE: Bracquet, as-tu veu ce beau petit garçonnet? O comme je l'ay-[41ᵛ]me. Il n'aura pas trois ans que je luy attacheray le poignard sur le cul, et l'exerceray en toutes sortes d'armes.

BRACQUET: Ce seroit trop tost, attendez qu'il ait dixhuict ou vingt ans.

5 **LE CAPITAINE:** Vingt ans? Je veux qu'en cet aage il ait esgorgé mille Princes, ruiné cent Royaumes, saccagé une infinité de Provinces. Par dieu je n'avois pas quinze ans que je fis ce que je te vas dire. Estant en un cabaret où il n'y avoit pas beaucoup à manger, se trouva un fendant qui coup à coup prenoit tout ce qui estoit de bon au plat, moy qui suis tousjours 10 plus prest à quereller qu'un Allemant à boire, voyant qu'une autre fois ce gourmand y remettoit la main, chacq avec mon cousteau je la luy attachay sur le champ au plat, et, mettant l'autre main à la dague, je l'envisage d'un regard courroussé, et le tiens tousjours ainsi attaché jusques à ce que j'eu disné. Le malheureux trembloit, l'hoste trembloit[,] les serviteurs 15 trembloient. Que veux-[42ʳ]tu? je les espouvantay de telle sorte qu'il ne se trouva personne qui à la sortie eust la hardiesse de me demander un liard.

BRACQUET: Vous trouvez tous les jours des choses nouvelles, jamais vous ne m'en aviez rien dict: ô le beau trait.

LE CAPITAINE: Fay ton conte, que j'en ay fait cent et cent de plus beaux 20 que je n'ay jamais dit à personne. Le plus grand defaut qui soit en moy, est qu'il n'y a point de tesmoins quand je fais tels actes genereux, et la memoire s'en pert, parce que je ne publie jamais mes proüesses, pour ne sembler estre trop grand vanteur. Ho! si cet enfant me ressemble, je sçay qu'il n'attendra qu'on le picque141 pour l'attirer au combat.

---

140 EP: SCENE IIII. Voir *Gl'Inganni*, II xiii, Il Capitano e lo Straccia.
141 picquer — taunt, exasperate with sharp or biting words (C).

DE L'ACTE III.

SCENE I.[142]

Valentin. Fortunat.

VALENTIN: Le contract de ces deux vaches sans laict que nous achetons est [42ᵛ] dressé, on y a mis toutes les herbes de la sainct Jean,[143] avec tant de clauses que c'est belle diablerie, elles sont prinses mieux que par le nez.
Neantmoins avec tout cela il me semble veoir que ceste vieille enragée
5   nous met en quelque nouveau labirinthe. Sous cet argent il m'est advis que je voy reluire l'hain qui nous doit attacher par la gorge, car toute putain qui donne, n'est pas hors de soupçon. Je sçay bien ce que je dis.
    Tu n'as jamais qu'il ne te couste bon,
    D'un hostellier les frivolles carresses,
10   *Ny d'un Barbier[144] l'agreable fredon,*
    Ny les presens des garces flatteresses.
Mais voicy Fortunat, j'apprendray de luy quelque chose.

FORTUNAT: Tu sois le bien-trouvé Valentin, as-tu le contract[?]

VALENTIN: Aussi bien eusses-tu l'argent!

15   **FORTUNAT:** Je vas tout de ce pas le querir, va et dy à Robert qu'il vienne vers la belle Croix,[145] et tu verras s'il ne l'apporte pas.

VALENTIN: D'où l'avez-vous eu, dy-moy je te prie. [43ʳ]

FORTUNAT: De ce vieil Medecin, sçais-tu?

VALENTIN: *De cuium pecus,*[146] de ce brave amoureux de ta maistresse?
20   Et comment l'a-on peu avoir?

---

142   Voir *Gl'Inganni*, III i, Il Vespa solo; III ii, Fortunato e il Vespa.
143   les herbes de la sainct Jean — toutes choses possibles; cf. l'herbe de la sainct Jean — l'armoise; thin-leaved mugwort (C).
144   EP: Ba bier
145   [cantone di San Lorenzo] Il y avait une croix blanche à Troyes comme l'indique l'adresse de l'imprimeur, Claude Garnier, 'demorant en la petite Tennerie sur le premier pont, tenant sa boutique Rue nostre dame, devant la Croix Blanche' (L. Morin, *L'Imprimerie à Troyes*, op.cit., p. 48), et la 'Belle-Croix' décorait la place de l'Hôtel de Ville (L. Morin, *Les Trois Pierre de Larivey*, op. cit., p. 71).
146   de cuium pecus — expression qui remonte à Virgile, Eglogues, III, 1, signifiant 'de ce pauvre idiot, de cette bête'. Cf. Cuium pecus? A qui est ce bétail? (N).

FORTUNAT: Il preste des accoustremens, des chaisnes et des bagues pour aller en mascarades, et si tost que je les auray je les iray mettre en gage pour cet argent qu'il faut trouver. Fay donc que Robert se trouve où je t'ay dit, car incontinent je luy porteray les soixante escus.

5   **VALENTIN:** Et où est mon maistre?

FORTUNAT: Il s'en va par ce que le Medecin est leans qui toutesfois en doit incontinent partir. Va donc viste et ne perds point temps.

VALENTIN: Je m'en vas, Adieu.

DE L'ACTE III.

SCENE II.[147]

Dorothée. Adrian. Le Medecin.

DOROTHEE: Baisez-moy une fois devant que vous en aller. Le mal me
10   vienne [43v] si vous n'estes vaudois,[148] traistre meschant, vous m'avez ce croy-je ensorcelée.

ADRIAN: Ouy, mais la robbe et l'argent sont les charmes.

DOROTHEE: M'envoyerez-vous pas donc ces accoustremens et ces chaisnes pour aller en mascarade?

15   **LE MEDECIN:** Je le feray.

DOROTHEE: Fortunat vous atten en la maison pour cela. Et quand me reviendrez-vous veoir?

ADRIAN: Pleust à Dieu que les accoustremens refussent si tost en la maison.

20   **LE MEDECIN:** Tout incontinent petite friande.

ADRIAN: Jamais, jamais.

---

147 Voir *Gl'Inganni*, III iii, Dorotea, il Cima, il Medico; III iv, Il Medico, il Cima.
148 [se voi non sapete far malie] vaudois — hérétique, sorcier.

LE MEDECIN: Viendray-je ce soir coucher avec toy?

DOROTHEE: Ouy, si vous m'aimez mon desir, hé ne vous en allez si tost, mon cœur.

LE MEDECIN: Adieu, laisse-moy folastre qu'on ne me voye avecques
5 toy.

DOROTHEE: Adieu.

LE MEDECIN: Allons Adrian: Je ne sçay comme aujourd'huy je ne suis crevé [44r] de rire, comme est-il possible que ce sot ait esté si gruë, ha ha ha, je sçay qu'elles ont tondu le pauvre mouton jusques au vif, et d'une
10 belle façon, ha ha ha, c'est peut-estre pource qu'il ne baisoit le petit enfant. Se peut-il faire qu'un homme soit si aveuglé.

ADRIAN: Je prie Dieu que nous ne soyons en la mesme barque, il vous en pend autant au nez.

LE MEDECIN: Tu en veux conter, j'ose bien dire qu'elle n'use point de
15 feintise envers moy.

ADRIAN: Je le veux bien.

LE MEDECIN: Elle meurt apres moy, te dis-je, je ne me puis deffendre d'elle. Pense-tu que je ne cognoisse bien quand les caresses procedent du profond du cœur? m'auroit-elle descouvert un tel secret? montré le piége
20 tendu à autruy? un enfant supposé? Elle m'ayme comme son frere, elle me cherit comme son vray amy, mais avec quelle seureté, quelle confiance? Je l'aimeray de tout mon cœur [44v] tant que ces mains tasteront les pouls et que ces yeux regarderont les urines.

ADRIAN: Les carresses que je voy que l'on vous fait seroient fortes assez
25 pour me le faire croire, si le payement n'y estoit adjousté.

LE MEDECIN: Ouy, payement, tu l'as trouvé, ains il me la faut prier une heure, si je veux qu'elle prenne quelque chose de moy. On ne sçauroit trouver en tout le monde une plus honteuse fille qu'elle.

ADRIAN: Honteuse ha, a-elle esté honteuse d'escorcher jusques aux os ce
30 sot capitaine?

LE MEDECIN: Qu'importe cela? elle me l'avoit dit auparavant.

ADRIAN: Elle en dira autant de vous à un autre.

LE MEDECIN: Ains elle ne vouloit point de la robbe en façon quelconque.

5 **ADRIAN:** Toutesfois elle l'a prinse et dix escus au bout, et puis les chaisnes que luy voulez envoyer.

LE MEDECIN: Elle ne l'a prinse pour autre [45^r] cause, sinon crainte de me faire courrousser. Et quant au reste elle me l'a demandé pour aller en mascarade, tant elle s'asseure de moy. Et pour le regard de ses dix escus, je 10 ne pouvois moins, par ce qu'elle est grassette, doüillette, ronde comme un œuf, de façon qu'elle ne se peut prendre à ceste robbe qui a servy à ma femme laquelle est plus meigre et seiche que les os d'un trespassé, et à ceste cause la luy falloit eslargir, autrement elle ne luy eust de rien profité.

ADRIAN: Je vous dy, Monsieur, que la vieille est meschante, la fille 15 rusée, et l'une et l'autre malicieuse. Ne vous fiez point en elles. Ha, ceste vieille a mille mauvais signes ou marques. Pour le premier elle est remplie de proverbes et brocards. Oyez ce que dit le texte.

> *La vieille qui est brocardeuse,*
> *Cache soubs un paisible front,*
> *Une guerre aspre et furieuse,*
20 > *Et jusque aux os la laine tond,*

Et de sa barbe, qu'en dites-vous? [45^v]

> *Si tu rencontre par la rue,*
> *Une femme qui est barbue,*
> *Passe outre et lui crache en la veue,*
25 > *Ou à beaux cailloux la salue.*

Ces signes vous semblent-ils pas mortels? prenez cet autre. Sçavez-vous comme on doit croire à un bossu[149]? comme à un trompeur. Dieu vous gard des bossus, escoutez.

> *Le bossu poingt comme une ortie,*
30 > *Sa foy ne garde, et trompe en fin*
> *On ne peut entrer au moulin,*
> *Que la robbe ne soit blanchie.*

Le seigneur Agreste[150] que cognoissez, avoit tousjours en la bouche mille bons proverbes, que tous les jours je cognois estre veritables. En voicy l'un.
35
> *Cil qui d'un bossu s'accompagne,*
> *Fait un semblable et pareil gain,*

---

149 Larivey a rendu 'zoppo' — 'boiteux' ici et partout ailleurs par 'bossu'. Cf. 'Ung boiteulx se moque d'un tort/ Et un bochu (bossu) d'un contrefait', *Recueil des Sotties* (S).
150 [ser Agresto da Spoleti, un buon barbieri]

Que fait la mouche avec l'yraigne,
Ou qui pour argent prend l'estain.

LE MEDECIN: N'en doute point. Croy-tu que je sois si hors de moy que
je ne sente au nez si on me veut bien ou non? à moi? Ha! je jure Dieu
5   qu'elle [46ʳ] est perdue en mon amour, elle court apres moy, elle me pince,
elle me mort, elle me veut manger tout vif. Quand je dy que je m'en veux
aller, elle desespere, se jette contre terre, bref fait rage.

ADRIAN: C'est ce qui me fait soupçonner.
             Caresser outre le devoir,
10   *Bien payer afin d'en r'avoir*
             Monstrer à tous un bon visaige,
             Gaigne des hommes le courage.

LE MEDECIN: C'est à propos.

ADRIAN: Ouy à propos, oyez cet autre:
15   *La courtisanne qui t'embrasse*
             Et qui ses bras au col te lasse
             T'ayme bien peu et feint beaucoup[,]
             Et en fin te perd tout à coup.

LE MEDECIN: Laissons cela, et va faire provision de quelque chose de
20   bon pour le soupper, afin qu'allions nous resjouir avecq'elles, vivons puis
qu'il plaist à Dieu.

ADRIAN: Baillez donc de l'argent!

LE MEDECIN: Vien çà, entrons et dy que [46ᵛ] nous venons de visiter un
malade enten-tu?
25
ADRIAN: C'est assez.

DE L'ACTE III.

SCENE III.[151]

Robert *seul.*

ROBERT: Malheureuse Genievre, tes maladies sont si contraires et discordantes entre elles, que le remede qui peut ayder à l'une, nuit à l'autre. Dequoy sert au feu qui te cuit au dedans, d'avoir trouvé les moyens de retenir ton maistre au dehors? L'embrasement croistra, puis que le secours 5 de ces deniers sera cause que ton beau soleil plongé en l'amour de Dorothée, se cachera. O combien de journées te conviendra-il pleurer, combien de nuictées veiller pour l'erreur que maintenant tu as commise. Patience, si ce bon heur me vient que ceste fille se descharge du faix de son ventre, car je n'atten au-[47r]tre chose. J'ay trouvé la servante qui m'a dit 10 qu'elle alloit haster la sage femme, et que les heures tenoient la pauvrette. O Dieu prestez-moy vostre secourable main, et m'aydez à sortir de ce labirinthe. Mon maistre m'a commandé que je l'attende icy, comme demeure-il tant? Mais le voicy.

DE L'ACTE III.

SCENE IIII.[152]

Robert. Constant.

ROBERT: Bonjour Monsieur.

15 **CONSTANT:** As-tu cet argent?

ROBERT: Ouy, tenez, il est enveloppé en ce mouchoir. La Dame vous prie qu'alliez tout à ceste heure la trouver avec le Notaire et le contract.

CONSTANT: O ma vie, ce bien fait ne me sortira jamais de l'entendement, je vas ouyr la lecture du contract, et puis je l'iray incontinent trouver.

---

151 La scène III v, Fortunato, il Facchino, Ruberto de *Gl'Inganni,* qui contient un dialogue en dialecte, est omise. Cette scène vient de *Gl'Inganni,* III vi , Ruberto solo et en partie de III, vii, Ruberto e Dina mais le rôle de Dina est supprimé.
152 Voir *Gl'Inganni,* III viii, Ruberto, Gostanzo, il Procuratore, il secondo Notaio. Larivey a supprimé ces deux derniers personnages et ainsi toute la scène III ix, Gostanzo, il Procuratore, il secondo Notaio. Voir Introduction, p. XI.

ROBERT: Allez car elle vous attend. Et [47ᵛ] me permettez je vous supplie que je voise un tour jusques en la maison, la teste me fait mal.

CONSTANT: Va et te tiens bien chaudement.

DE L'ACTE III.

SCENE V.¹⁵³

Adrian seul.

ADRIAN: Je sçay que si tost que la vieille sera venuë qu'elle fourrera sa
5   pelisse de ce bon vin de Velery¹⁵⁴. Ho, quel breuvage pour enchanter les
fumées et chasser la colere de l'estomac. Je vas faire comme les oyes, je me
veux baigner le bec à chaque morceau. Je ne beuz jamais en jour de ma vie
autant ny d'un meilleur courage. J'ay descouvert à ma maistresse les
amours et larcins de mon maistre, elle m'en sçait bon gré. Auparavant
10 l'endiablée me hayssoit à la mort, mais maintenant elle commence à [48ʳ]
me regarder d'un œil friant et amoureux. Elle me met le bras sur l'espaule
que je parle à elle. Elle me prend par la main, et me promet qu'elle se
laissera gouverner par moy, je luy dy souvent ce proverbe.
Si à la renverse on vous jette,
15 *N'en dites mot, ma godinette,*
Ains souffrez qu'un gentil garçon
Fouille soubz vostre pelisson.
Elle en rit, et me donne tousjours meilleur courage de m'asseurer de son
amour, j'en viendray à bout. Ô quel bon temps je prendray. Mes semblables
20 ne sçauroient trouver meilleure aventure que se rendre seigneurs de leurs
maistresses. Je sçavois bien ce que disoit tousjours le bon Olivier¹⁵⁵, lequel
ne chantoit jamais autre chanson.
L'on ne peut avoir rien de bon,
Si l'on ne baise sa maistresse,
25 *Et si d'une bonne façon*
L'on ne la fringue et la caresse,
Mais si souvent tu l'esperonne [48ᵛ]
Et luy fais ce qu'elle ayme bien,
Elle te sera toujours bonne,
30 *Et si n'auras faute de rien.*

---

153 Voir *Gl'Inganni*, III x, Il Cima solo.
154 [questa malvagia] — 'cette malvoisie'. Vin de Velery — référence inconnue. Notons que la ville de
Reims est arrosée par la Vèle. S'agit-il d'un vin local?
155 [il Zucca] zucca — callebasse, courge, caboche, tête pelée (O); estre un Olivier — preux mais aussi
vaillant en amour (S). Il Zucca était aussi un personnage dans la première pièce de Secco, *L'Interesse*.
Selon Jean Toscan, op. cit., 'zucca' pouvait signifier métaphoriquement 'séant'.

DE L'ACTE IIII.

SCENE I.[156]

Bracquet. Le Capitaine.

BRACQUET: Au diable soit le deffy. Vous voulez vous perdre avec cet effronté Angevin[157], qui jamais ne vient au point, il y a deux heures que devrions avoir disné.

LE CAPITAINE: Que veux-tu, si ceux qui ont quelque dispute à
5   desmesler viennent pour me demander mon advis et conseil, les renvoyeray-je? C'est grand malheur que d'avoir trop d'entendement. Cependant on nous atten, une heure leur dure mille ans. As-tu prins garde comme elle s'est attiffée? comme elle s'est fait belle quand elle m'a[158] veu? Soudain elles me viendront embrasser, combien [49r] qu'elles ne me
10   reviennent gueres ny que j'en face conte, voila pourquoy je me fais tant attendre.

BRACQUET: Vous ne les aymez point, pleust à Dieu que le Pape m'aymast autant.

LE CAPITAINE: La mine que j'en fais c'est de peur de les desesperer,
15   cognoissant combien la fille m'ayme.

BRACQUET: Si vous ne l'aymez, pourquoy luy donnez-vous ainsi en gros?

LE CAPITAINE: L'obligation que je luy ay à cause de cet enfant, me lie et contraint à luy vouloir bien, afin de n'estre veu ingrat.

20   **BRACQUET:** Estes-vous bien asseuré que cet enfant est vostre?

LE CAPITAINE: Comment si j'en suis asseuré? n'as-tu pas veu comme il me ressemble? Et puis, penserois-tu que je voulusse endurer qu'homme vivant m'ostast ce qui m'appartient? Malheur à qui le voudroit entreprendre. Il est mien j'en suis asseuré. Il ne faut que les putains se gabbent de moy, et
25   puis ne vois-tu pas de quelle af-[49v] fection elle m'ayme? Voila pourquoy

---

156   Voir *Gl'Inganni*, IV i, Lo Straccia, il Capitano.
157   [con questi sfaccendati napoletani] Larivey préfère faire allusion aux Angevins dont la réputation n'était pas des meilleures; cf. 'Touchant de ces sots Angevins:/ Ilz ne sont folz que de bons vins,/ Car Jehan des Vignes qui tant est beau/ Incontinent leur gaste le cerveau', *Sermons joyeux*, (S).
158   EP: ma

je luy fais des demonstrations extravagantes, autrement qu'ay-je affaire d'elle? Crois-tu que si je me fusse voulu abbaisser soubs l'obeissance des femmes, je ne trouvasse des Roynes, des Princesses, qui seroient ayses que je les regardasse d'un œil amoureux? il ne s'en peut trouver un pareil à moy.

5   **BRACQUET:** Quoy, qu'un pareil à vous ne se peut trouver au monde? Pourquoy me le dites-vous, on le sait bien, car quand je vas apres vous, il n'y a femme qui ne me demande qui vous estes, où vous demeurez, je ne vous ay pas tousjours dit combien vous estes desiré. Il n'y a pas longtemps que comme vous passiez par une ruë où il y avoit force belles et gracieuses
10 Dames assemblées en un monceau,[159] si tost qu'eustes passé outre, elles coururent apres moy, et me tirant par le manteau me demandoient qui vous estiez.

LE CAPITAINE: Comment te disoient-elles? [50ʳ]

BRACQUET: Mon amy, qui est ce paladin,[160] puis vous regardoient par
15 une grande merveille. Mais une de la compagnie, par ma foy la plus belle, se print à dire[,] O le bel homme, ô comme il me plaist. Regardez quelle belle contenance, quelle disposition de corps, mon Dieu que celle-là est heureuse qui peut coucher avec luy.

LE CAPITAINE: Ha, ha, ha, elle disoit cela, qui sont-elles?

20 **BRACQUET:** J'oubliois le meilleur, elles m'ont promis des collets de chemises et de beaux mouchoirs, et que je vous meine aujourd'huy passer par là: Je croy qu'elles attendent desja au milieu de la rue.

LE CAPITAINE: Ouy, vrayement c'est pour elles, elles m'y peuvent bien attendre tout à loisir. O que c'est une grande misere que d'estre beau outre
25 mesure, on ne le penseroit pas. Tu as tousjours un varlet ou une chambriere à ta queuë, qui te prie, que tu te laisses veoir, tantost de bouche, tantost par faveurs, tantost [50ᵛ] par lettres, et tantost elles-mesmes passent et repassent mille fois par devant ta porte pour te veoir. Mon Dieu quel rompement de teste c'est de les escouter, et de leur respondre. Par la croix
30 que tu vois en ceste espée, j'ose dire qu'en telle nuit j'ay eu quatre assignations en diverses maisons riches et magnifiques où rien ne me manquoit. C'estoit pitié que de mon fait, je ne dormois point toute nuict, mais je la partissois[161]: et une expediée, je m'en allois à l'autre. En fin ceste

---

159 Cf. se retirer en un monceau — to gather himself up into a lump or heap (C).
160 Cf. il fait bien de son Paladin — he swaggers, brags, or struts it mightily (C) cf. 'paladino' — individu bien membré (voir Toscan, op. cit.).
161 partissois — compartimentais, divisais.

practique m'a fasché, si que je me suis mis à suivre les armes, à ruiner murailles, deffendre boullevards, saccager pays, mettre à rançon les paysans trouvez au labourage, emmener vaches, brebis, et pourceaux, mais ne perdons point temps, la porte est fermée, frappe vistement, fay ouvrir.

5 **BRACQUET:** Tic, toc, hola, qui est leans.

LE CAPITAINE: J'avois en ce temps-là mille faveurs, mes coffres estoient plains de chemises, de coiffes, de mou-[51ʳ]choirs, et d'autres jolivetez qu'elles me donnoient.

BRACQUET: Que diable font ces femmes, je croy qu'elles n'ouvriront jà.

10 **LE CAPITAINE:** Si feront, frappe une autre fois.

BRACQUET: Tic, tac, toc.

LE CAPITAINE: Hola, follastre? mais voy comme asseurement elle se mocque de moy. Ce n'est qu'amitié, ouvre friande.

BRACQUET: Ces mocqueries ne me plaisent point avant disner, si j'estois 15 vous, je me courroucerois: Hola, tic, toc.

LE CAPITAINE: Tu es un lourdaut, ces jeux sont proprement la salade, ou la saulse d'amour, tu n'entends le mestier.

BRACQUET: Je me contenterois d'un disner positif sans ceste salade. Je voy bien que l'hoste ne nous veut heberger.

20 **LE CAPITAINE:** Que diable est cecy, hola m'amour, ne me tenez plus icy en aboy, ouvrez.

BRACQUET: Voire, voire, vous l'ay-je pas bien dit?

LE CAPITAINE: Vous me mettez en colere, je jetteray la porte par terre, je vous [51ᵛ] accoustreray le visage à la Mosayque, si menu que 25 ressemblerez à une mappe monde.¹⁶² Frappe deux coups tant que tu pourras.

BRACQUET: Tic, tac, prenons party mon maistre, et allons disner en l'hostellerie, car l'heure de gouster est desja passée.

---

162 [vi taglierò il viso a mosaico siminato, che parete il mappamondo]

LE CAPITAINE: M'en aller, je ne sçay qui me tient que je ne romps les dents à ces maraudes. Je voudrois veoir qui m'en oseroit empescher. O Ciel! approche, mettons l'huys en dedans.

BRACQUET: Non faites, il y a paraventure des gens leans qui vous
5   pourroient offenser.

LE CAPITAINE: O poltron, sans courage, qui est celuy qui craint si peu sa vie qu'il veuille estriver contre moy? Tac, tac, tac.

DE L'ACTE IIII.

SCENE II.[163]

Adrian *desguisé*. Le Capitaine. Bracquet.

ADRIAN: Qui est cest asne qui si indiscrettement frappe à ceste porte? [52r] que cherches-tu, museau de porc?

10   **BRACQUET:** Cancre, gouvernez-vous sagement, nous sommes morts, mon maistre la chose est faite à la main.

LE CAPITAINE: Soit, mort[164], fussent-ils mille, je ne les crain point. Tu as menty par la gorge, coquin.

ADRIAN: Atten, atten-moy poltron, que je t'alle crever la cervelle, bouc
15   cornu.

BRACQUET: Mon maistre retirons-nous qu'il ne nous tue, faites ce que je vous dy.

LE CAPITAINE: O ciel cruel, pourquoy n'ay-je maintenant avec moy mon chastie-fols mon espée, mon amy, à deux mains, pour escarteller
20   cestuy-cy, retirons-nous un peu à quartier.

ADRIAN: Où es-tu gros baudet, où es-tu, ladre croustellé approche.

---

163   Voir *Gl'Inganni*, IV ii, Un Ruffiano di dentro, il Capitano, lo Straccia; IV iii, Lo Straccia e il Capitano. C'est Adrian qui remplace 'Un Ruffiano' chez Larivey. Mais que fait Adrian seul chez Dorothée?
164   mort ou morts?

BRACQUET: Ne bougez et me laissez faire, qu'il ne vous advienne quelque malencontre. Ha, frere, n'entrez en colere, nous ne vous demandons rien.

ADRIAN: Quoy frere, ne t'approche que je ne te creve. Par le corps de ma
5 vie, meschans, si vous approchez de dix [52v] pieds cette porte je vous dechicqueteray si menu, que les fourmis vous emporteront: où pensez-vous estre? asnes, indiscrets, pendars.

BRACQUET: Allon deça, il n'y a rien icy à gaigner, allon mon maistre, et me croyez.[165]

10 **LE CAPITAINE:** Ha Ciel! qu'il me faille endurer un tel affront, qu'un coquin me brave, me crie, et me chasse comme un connil.

BRACQUET: Donnez-luy la vie, quel honneur vous seroit-ce d'estriver[166] contre un marault.

LE CAPITAINE: Ce seul respect le garantit, autrement je luy allois
15 humer la veuë. Je ferois bien gageure que le malotru a pissé en ses chausses quand il m'a veu tourner les yeux en la teste, regarde qu'il ne m'a pas attendu. Il n'a pas si tost mis le nez dehors, qu'il s'est vistement retiré en la maison, et a fermé l'huys sur luy, as-tu veu comme il a blesmy?

BRACQUET: Il ne faut point tant vous amuser devant ceste porte, vous ne
20 con-[53r] siderez pas quelle gent il y peut avoir en la maison. Que sçavez-vous si vingt ou trente vous venoient courir sus?

LE CAPITAINE: Ha connil, tu as peur, mire-toy en moy s'ils estoient cent fois autant penses-tu que je les craignisse?

BRACQUET: Et toutesfois vous vous estes retiré pour un seul.

25 **LE CAPITAINE:** Je me suis mis à ce coing pour me barricader. Quand une multitude de canailles te court sus, soustien le premier effort, tu les chasseras adonc, comme le faucon chasse les pigeons.

BRACQUET: Et si à la premiere rencontre ils me tuent? il n'est rien meilleur que jouer au plus seur et s'enfuyr, vive la poltronnerie.[167]

---

165 et me croyez — lascia tevi consigliare.
166 EP: destriver
167 'vive la poltronnerie' remplace 10 répliques chez Secco.

LE CAPITAINE: Fuyr, Dieu m'en gard, plustost perdre mille vies que de reculler d'un pas. Voicy la premiere fois, il me semble quand je me trouve aux mains, que je suis en un banquet, que je suis aux nopces.

BRACQUET: Hé, cela n'est un banquet so-[53ᵛ]lemnel: il n'y a rien de
5   bon pour vous.

LE CAPITAINE: O comme tu dis bien, je cognois maintenant que tu l'entends. Un mon semblable ne devroit jamais venir aux mains, sinon pour escarteller cent hommes, abbattre et froisser cornettes[168] et enseignes, et mettre mille soldars en routte.

10   **BRACQUET:** Mais qu'eussiez-vous fait de la chair d'un tel porc? elle vous eust fait mal au cœur.

LE CAPITAINE: Tu dis vray. Allons chercher le Capitaine Taillebras, le capitaine Brisecuisse, Brafort, Cachemaille, Pinçargent, Grippetout,[169] et mes autres amis, puis retournons faire bravade à ces poltronnes.

15   **BRACQUET:** Allons, mais disnons premierement.

DE L'ACTE IIII.

SCENE III.[170]

Constant. Fortunat. Valentin.

CONSTANT: Es-tu là Valentin? Il n'est plus possible que je puisse supporter [54ʳ] l'insolence et trahison de ces meschantes, comme puis-je esperer que me serve mon contract, si nonobstant iceluy la vieille carongne reçoit des presens d'un autre?

20   **FORTUNAT:** Hé, revenez de grace seigneur Constant, ma jeune maistresse vous en prie par l'amitié que jamais luy avez portée, que ne soyez jaloux, et que n'ayez aucun soupçon sur celuy qui est envoyé par un vieillard pourry, glaireux et puant. Et quoy voudriez-vous estre jaloux de luy? J'ay ouy dire au Notaire que ce jourd'huy est franc et n'est comprins au

---

168   cornette — a Cornet of horse, the Ensign of a horse-company (C).
169   [il Capitano Cotica, Ceccone, Cattabriga, Candeletta, Lazaro, Cacamaglia, Braccioforte]
170   Voir *Gl'Inganni*, IV v, Gostanzo, Fortunato, il Procuratore, il Vespa. 'Il Procuratore' a été supprimé. La scène IV iv, Il Cima solo, est omise.

contract. Et que là où les feriez convenir aux consuls, que vous ne gaigneriez pas.[171]

VALENTIN: Par mon ame le Notaire l'entend, ce convenir, ces consuls, sont ceux qui vous donneront le tort. Vous ne tiendrez pas vostre courage,
5 non je le vous ay dit autres fois. Trop effroyable est la memoire et souvenance de ces convenuz et consuls. [54v]

> *Comme retourne le Thoreau*
> *Devers sa genisse amoureuse,*
> *Au foyer la vieille frilleuse*
10 > *Et le cerf au frais du ruisseau[,]*
> *Comme au jeu courent les pipeurs,*
> *A la danse la pastourelle,*
> *Le tendre enfant à la mamelle*
> *Et les mousches à miel aux fleurs[,]*
15 > *Ainsi l'Amant accoustumé*
> *Aux faveurs et à la carresse,*
> *De son amoureuse maistresse,*
> *Retourne en son sein bien aymé,*

CONSTANT[172]: Soit aymé, soit ce que l'on voudra, tant y a que l'avarice
20 de la mere est forte assez pour me faire convertir ceste amitié en hayne. Trop grande est la despense, et trop lourdes et insupportables sont les injures de ces malheureuses nées à la malice et à la trahison, et qui n'ont point de foy. Qu'elles jouyssent de leurs Capitaines, de leurs favoris, qu'elles crevent de presens, si auront-elles quelque jour affaire du pauvre
25 Constant, ouy.

FORTUNAT: Je sçay que voulez faire mourir [55r] de dueil la pauvrette, et vous la plaindrez apres. Hé, seigneur Constant, la malice de la mere ne doit prejudicier à la bonté de la fille qui ne peut vivre sans vous. Pensez que c'est elle qui vous a trouvé cet argent.

30 **VALENTIN:** O la belle occasion de faire la paix, puis que sommes recherchez de l'ennemy. Entendez-y, mon maistre, entendez-y.

CONSTANT: Paix! qui me veut estre amy ne m'en parle point. Oste-toy d'icy poltron, et ne te presente jamais devant moy.

---

171 Chez Secco ces deux dernières phrases sont prononcées par 'il Procuratore'.
172 EP: **CONSTANT** manque

FORTUNAT: Hé, Monsieur, que vous ay-je fait? je ne vous ay jamais offencé, attendez un peu.

CONSTANT: Oste-toy de mes costez mouche canine, vous ne vallez tous rien. Allons en la maison, Valentin.

5   **VALENTIN:** Allons puis que le voulez, mais vous pourriez espargner ceste peine, car vous n'y serez si tost entré que voudrez retourner.

CONSTANT: Retourner, tu verras. [55ᵛ]

DE L'ACTE IIII.

SCENE IIII.[173]

Fortunat *seul.*

FORTUNAT: O Ciel, ô sort ennemy? J'enten la voix de ceste pauvre Susanne qui est en travail d'enfant. C'est à ceste heure que nous sommes
10   morts il n'y a plus de remede. C'est fait de nous. O pauvre Robert, ô Susanne mon cœur que sera-ce de vous? Par mes fraudes et tromperies je vous ay mis la hart au col. O chetifs, ô pauvres innocens, vous porterez la peine de ma malice, de mon iniquité, et moy qui suis cause de tout le mal je me sauveray? Ha, il n'en sera rien, car vous perduë, je ne veux et ne puis
15   vivre. J'ay peché et non vous, et par ainsi raisonnablement la peine m'est deuë. Je me retireray seulement jusques à ce que j'entende le succez de cecy qui ne peut estre sinon cruel, et selon que le tout en ira je me resouldray de vivre ou de mourir. [56ʳ]

DE L'ACTE IIII.

SCENE V.[174]

Dorothée. Gillette.

DOROTHEE: C'est un mauvais signe, que Fortunat ne revient point. Je
20   voy bien que Constant ne veut plus venir ceans, que sera-ce de luy? Que

---

173   Voir *Gl'Inganni*, IV vii, Fortunato solo. La scène IV vi, Ruberto, Porzia, la Balia, il Vespa, Gostanzo, est omise.
174   Voir *Gl'Inganni*, IV viii, Dorotea, la Ruffiana.

maudits soient le serviteur, le maistre et le present qui viennent troubler nostre contentement, mais encores plus ma fascheuse mere. Que le mal luy vienne, la sale pouilleuse, le pauvret a juste occasion. Que maudite soit-elle, et ce vieil moisy.[175]

5   GILLETTE: Mais toy eshontée, penses-tu que je ne t'entende pas barboter? n'as-tu point de honte vilaine, ingrate, mal apprinse, presomptueuse, est-ce ainsi que l'on fait à sa mere? Mescognoissante qui ne consideres pour le bien et profit de qui je suis avaricieuse, pour qui je respargne. Vien ça, malheureuse respond-moy, dy, parle, pourquoy [56ᵛ]
10   fay-je ces choses? à quelle fin? pour qui? dy, pour toy ou pour moy? O coquine, je sçay bien que tu voudrois te prester à cestuy-cy et à cestuy-là pour rien, te donner du plaisir, courir où l'appetit te meine, et au bout de l'an, plaine de chancres[176] et pourrie de verolle, aller mourir à l'hospital sans avoir denier ny maille[177] pour t'acheter un morceau de pain. Voila la
15   fin, voila le port où arrivent tes semblables.

DOROTHEE: Hé, ma mere, ayez compassion d'une pauvre amoureuse. Vous sçavez que c'est du monde. Voulez-vous, me pensant espargner quelque petite chose, me faire mourir? Cela vous semble-il un beau gain?

GILLETTE: Ha sotte, ce mal demange et ne tue pas, mais bien la
20   necessité, le martel d'amour se passe en une sepmaine, mais la disette t'accompagne jusques à la mort.

DOROTHEE: Mais quel profit de ce present rongneux[178] qui ne vaut trois grosselles[179], pourquoy ne l'avez-vous refusé. [57ʳ]

GILLETTE: Bon, refusé.
25   *Celle qui un present refuse,*
           Et qui trop sotte ne le prent
           Bien souvent elle s'en repent,
           Et sa grande bestise accuse.

DOROTHEE: Et si je voulois respondre, je trouverois bien moyen de
30   renverser ce proverbe, car comme l'avarice vous enseigne, ainsi l'amour m'esguise l'esprit.
           La Dame que l'amour affole,

---

175 Cf. se moisir — to get a white coat and a rank smell (C).
176 Cf. chancre — canker, a painful, hard swelling with blackness (C).
177 [senza avere un carlino] sans avoir denier ny maille — ne pas avoir un sou, rien du tout (S).
178 rongneux — scabby, mangy (C).
179 [tre carlini]

Ne refuse jamais son bien,
Apres luy tousjours son cœur volle,
Et son vouloir ne change en rien.

Vous ne vous souvenez plus quel contentement c'est que de se trouver
5   parfaitement amoureuse, de quelle paix on jouyt, et quel plaisir on reçoit.
Fy de l'or, fy de l'argent, un baiser de mon Constant vaut plus que tout le
monde. Souvienne-vous un peu des vers que m'aprint l'amy[180] à qui vous
vendistes ma tendre virginité, il ne vous en souvient plus, et à moy si fait.

Bien-heureux ceux qu'amour tient enlacez,
10   *Bien fortement d'un Lyen[181] volontaire,* [57ᵛ]
L'effort du temps ne le sçauroit deffaire,
Ains meurent unis[182], l'un et l'autre embrassez.

GILLETTE: Je t'ay mille fois dit, friande que ces vers ne sont faits pour
toy. Tu te trompes sotte que tu es.[183] Tu penses que Constant t'ayme, cela
15   se peut faire, je le croy aussi. Et bien posons le cas que son pere le marie,
ou qu'une autre luy monstre bon visage, ne te plante-il pas là pour reverdir?
ne te tourne-il pas les espaules? ouy, si qu'il ne te donneroit un verre d'eau.
Comment seras-tu? tu perdras doublement et l'amant, et ce que tu luy
devois desrobber. Parquoy ma fille, demeurons encores sur nostre
20   advantage, battons à l'environ, menons les mains, balloyons la maison,
frappons le cloud, tandis qu'il est chaud du brasier d'amour, ne laissons
aucun venir ceans les mains vuydes, et qui ne pourra donner beaucoup,
qu'il donne peu, toute chose nous est bonne, l'un baille de l'argent, l'autre
des chaisnes et joyaux, l'autre des habits, l'autre [58ʳ] paye l'huille, l'autre
25   le pain, l'autre le bois et le charbon. Cependant le monceau croist, la
maison s'emplit, et la bourse augmente, faisons comme la formis, tandis
que tu es en ta beauté, emplissons le grenier pour l'yver qui approche. Voy
ces cheveux blancs, c'est l'yver, c'est la neige, et les glaçons de nostre aage.
Tu deviendras ainsi, j'ai eu comme toy les jouës polyes et le visage delicat.
30   Pleust à Dieu qu'en cest aage quelqu'un m'eust conseillée comme je te
conseille, j'aurois cherement vendu ce que j'ay mille fois donné pour rien,
dont je me repens. Où sont maintenant les trouppes des amans qui me
caressoient, ou la frequence des chevaux qui environnoient ma maison? où
sont les aubades, les resveils, les festes[,] les comedies? tout cela s'est
35   esvanouy en fumée, à peine me daignent saluer ceux qui autres-fois m'ont
adorée. Fay à ma mode, sotte tandis que ton aage vert[184] le permet, fourny
la maison, appreste le viatique à la viellesse, qui bien tost changera tes

---

180   [che m'insegnò il vescovo] — le chanoine a préféré traduire 'évêque' par 'ami'!
181   EP: Lyon
182   EP: uns
183   Larivey a omis plus de cent mots d'une attaque contre l'inconstance des jeunes.
184   vert — green, new, youthful, in prime (C).

[58ᵛ] ,cheveux d'or en argent, te crespera le front, aplatira tes jouës, rendra tes levres de coral noires et baveuses, flestrira les roses de ton sein, et fera que ces deux rondes et belles pommes qui s'enflent sur ta poictrine deviendront lasches,¹⁸⁵ et comme deux vessies sans vent. Ne fay comme la
5 corneille qui durant le beau temps s'esjouyt à la frescheur, sans se souvenir de l'yver prochain, et quand le mauvais temps vient, la malheureuse crie, se plaint ,et se desespere. Il est force que je te dise un Sonet à ce propos, que j'ay apprins de Symonne d'Arimene,¹⁸⁶ lors qu'elle enseignoit sa fille comme je fay toy, escoute.

10   *La corneille esventée et la sage formis*
    Sont l'exemple et pourtrait de ceste nostre vie,
    L'une fait bonne chere en la saison fleurie
    Et l'autre avec travail, desrobe les espics.
15   *Mais quand le morne hyver parresseux et remis,*
    Couvre le champ de neige et de gresle [59ʳ] arondie,
    Ceste-là d'un chacun ayde et secours mendie,
    Et l'autre use des biens qu'en reserve elle a mis.
    La corneille tu es, ô sotte et sans cervelle,
20   *Pour autant qu'au plus beau de ta saison nouvelle,*
    Tu gourmandes la fleur de tes jeunes amours.
    Et cependant le temps qui à rien ne pardonne,
    Flestrira tes beautez, puis n'auras plus personne,
    Qui ait pitié de toy sur l'hyver de tes jours.

Mais c'est assez, entrons en la maison.

DE L'ACTE IIII.

SCENE VI.¹⁸⁷

Severin. Valentin.

25 **SEVERIN:** Y a-il quelqu'autre qui le sçache que Constant, qui estoit avec vous? [59ᵛ]

VALENTIN: Un laquais, et encore un notaire, ce m'est advis.

SEVERIN: Le laquais a-il tout ouy?

---

185 lasche — slack, flagging, lewd (C).
186 [Susanna d'Arimino]
187 Voir *Gl'Inganni*, IV xi, Massimo, il Vespa. Les scènes IV ix, Il Vespa solo et IV x, Il Capitano, Ceccone co' compagni, lo Straccia, Dorotea, sont omises.

VALENTIN: Comme moy.

SEVERIN: Qui est ce laquais?

VALENTIN: C'est le frere de Robert qui a fait le mal.

SEVERIN: Vous le deviez arrester affin qu'il ne le dist.

5 **VALENTIN:** Il ne nous en souvint pas à l'heure, le mal est que je croy que vostre fils a fait appeller des gens.

SEVERIN: Helas, ô Dieu! ô moy miserable! la chose est publiée partout, la maison est vituperée, on ne peut plus dissimuler. A quoy es-tu reduit pauvre vieillard! Il te conviendra souiller tes mains en ton propre sang, à
10 quel mal m'a reservé mon sort rigoureux, ne tient-il pas le meschant soubs bonne garde affin qu'il ne s'enfuye.

VALENTIN: Et de quelle sorte, il l'eust desja tué si je ne l'en eusse empesché l'admonnestant qu'il se conseillast avec vous.

SEVERIN: Et quel conseil luy puis-je don-[60ʳ]ner en ces choses sans
15 conseil? Que peut-on faire autre chose sinon couper la gorge à l'un et à l'autre, affin que le monde y prenne exemple.

VALENTIN: Mon maistre souvenez-vous que vous estes reputé estre le plus sage homme de ce quartier, ne vous donnez ainsi en proye à la douleur, vostre fille est-elle la premiere? ventre saint gris[188] n'en y a-il pas
20 d'autres qu'elle?

SEVERIN: O Susanne, Susanne, flambeau et ruyne de ta maison, ennuy et mort de ton miserable pere, blasme eternel de ton frere.

---

188 [corpo di me] ventre saint gris — exclamation fort répandue. Saint Gris se réfère peut-être à Saint François (Voir Stefano, op.cit.).

DE L'ACTE IIII.

SCENE VII.[189]

Adrian. Le Medecin.

ADRIAN: Vous tremblez, que le cancre vous mange amoureux d'estafilades, vous avez peur.

LE MEDECIN: Peur, tu ne me cognois pas, il n'y eut jamais en toute l'université escolier plus mauvais que moy, j'estois un diable, jamais je 5 n'arrestois en pla-[60ᵛ]ce. C'est le froid qui me fait trembler.

ADRIAN: Cheminez donc et vous hastez afin de vous eschauffer.

LE MEDECIN: Par le ventre d'un bœuf[190], si je ne l'avois promis, je n'yrois ja, mais quoy? la chetive se desespereroit. Elle ne dormiroit point toute nuict.

10 **ADRIAN:** Mort que j'atten, on ne se peut mieux mocquer des Dames, que n'aller où elles attendent, ne les trompez point.

LE MEDECIN: Et si ces soldars que j'ay tantost veu me disent pis que peste?

ADRIAN: Ha, ha, ha, que leur avez-vous fait?

15 **LE MEDECIN:** Comme participant de la mocquerie, ayant fait semblant que j'estois le Medecin en ce supposé accouchement.

ADRIAN: Il n'y a point de danger en cela.

LE MEDECIN: Ce sont parolles. Soldars, hé, soldars, appren-moy à les cognoistre, ils joüent des mains à tors et à travers.

20 **ADRIAN:** Qui leur ouvrira la maison? Pensez-vous qu'elles soient si gruës [61ʳ] que de les laisser entrer? n'ayez peur, j'iray devant et vous donneray tousjours le loisir de vous sauver, n'ayez crainte, peu de courage.

---

189 Voir *Gl'Inganni*, IV xii, Il Cima, il Medico.
190 [Per Dio!]

LE MEDECIN: Peu de courage, ce n'est la crainte qui me fait faire cela, mais la consideration, pense-tu que s'il falloit jouer des cousteaux que je ne voulusse estre de la partie?

ADRIAN: Venez donc, prenez resolution, vous tremblez.

5 **LE MEDECIN:** Atten, je te prie, il m'est venu envie d'aller à mes affaires[191], je reviendray incontinent.

ADRIAN: Cest asne fiente de pœur. Si ce n'estoit que j'ay promis à ma maistresse de le faire prendre à ce soir, je laisserois le poltron faire à sa teste, mais je l'esguillonneray tant qu'il y viendra. Ce vieil radoté a plus de 10 soixante ans, et veut devenir amoureux puis chie en l'ordon[192]. Je veux entrer et le faire sortir. [61ᵛ]

---

191 [mi è venuto voglia di cacar]
192 [e vuole innamorarsi e poi si caca a dosso]

DE L'ACTE V.

SCENE I.[193]

Adrian. Le Medecin *deguisé en maçon.*

ADRIAN: Chargez proprement cest auget sur vos espaulles, et le tenez bien, vous tremblez, il semble qu'ayez la fievre quartaine.

LE MEDECIN: Est-il bien?

ADRIAN: Plus haut, ainsi, mais ne tremblez point.

5   **LE MEDECIN:** Cest habit sent trop son mecanicque, je ne voudrois pas pour je ne sçay combien qu'il fust sçeu. En fin je n'ay pas le courage de me presenter à elles en ceste façon, cela repugne trop à ma profession.

ADRIAN: Amour n'a respect ny à mortier ny à cyvette,[194] ces choses sont de ses fruicts.

10   **LE MEDECIN:** Comme est-il possible que je leurs puisse plaire en cest habit.

ADRIAN: Si elles vous ayment de bon cœur [62r] vous leur plairez en tous habits,si elles cherchent le profit, elles[195] le prennent en la bourse mesme.

LE MEDECIN: Je te dy que je ne me plais point aller de nuict.

15   **ADRIAN:** Je le croy, mais puis que l'avez promis.

LE MEDECIN: Je l'ay promis, et m'en repen.

ADRIAN: Hé, venez çà, que diable voulez-vous que ces soldars facent d'un maçon.

LE MEDECIN: Et si je suis cogneu n'ayant ny le langage ny les façons de
20   faire d'un tel homme?

ADRIAN: Ne sçauriez-vous faire l'indiscret, l'asne.

---

193 Voir *Gl'Inganni*, V i, Il Cima, il Medico.
194 [Amor non ha rispetto a guffi, né a civette.] guffo — hibou. Item, un sot (O); civetta — chouette, chevêche (O). Selon Toscan, op. cit., 'gufo' et 'civetta' signifiaient aussi un giton et un phallus.
195 EP: elle (trois fois)

LE MEDECIN: Comme fait-on, enseigne-moy.

ADRIAN: Suivez vostre naturel, vous n'aurez pas grand peine.

LE MEDECIN: Or bien, puis que je l'ay promis je veux plustost mourir qu'y faire faute, marche devant et me fay signe si tu voy quelqu'un de ces
5   couppe-jarets.

ADRIAN: J'y vas.

LE MEDECIN: Escoute Adrian, es-tu sourd, que [62ᵛ] diray-je si quelqu'un me demande que je fais là.

ADRIAN: Ha ha ha, que vous y estes pour boucher les trous.

10   **LE MEDECIN:** Et approchant doy-je chanter, ou non?

ADRIAN: Chantez, car vous fredonnerez fort bien, puis que la voix vous tremble au corps.

LE MEDECIN: Chevauche, cheval bastard.

ADRIAN: Ha ha ha, venez venez il n'y a personne.

15   **LE MEDECIN:** Dieu soit loué.

DE L'ACTE V.

SCENE II.¹⁹⁶

Severin. Patrice.

SEVERIN: Bref, l'esprit tient beaucoup du divin, car souvent il prevoit de loin ce qui doit advenir, et encores plus de nuict quand on dort, parce qu'adonc, deschargé du gouvernement de ce corps, qui l'aggrave assez [63ʳ] de jour, se peut mieux recognoistre soy-mesme, et faire divines operations,
20   parquoy ce n'est de merveilles, si tant souvent nous voyons de nuict en

---

196 Voir *Gl'Inganni*, V ii, Massimo solo; V iii, Massimo e Tullio. Le rêve figurait souvent dans les tragédies aussi bien que dans les comédies comme moyen de prévoir l'avenir et comme technique dramatique. Pour une étude de son importance dans la littérature du moyen âge, voir C. Marchello-Nizia, 'La rhétorique des songes et le songe comme rhétorique dans la littérature médiévale', in T. Gregory (ed.) *I Sogni del medioevo*, Rome: Edizioni de l'Atenea, 1985, pp. 245-259.

songe ce qui apres nous advient de jour. Je songeois ceste nuict qu'un chien
mastin[197] m'avoit mordu la main gauche en trahison, et que je l'avois prins
par le col, pour m'en vanger, mais comme je le voulois froisser contre terre,
il s'est changé soudain, et je ne sçay comment, entre mes mains, et est
5   devenu petite chienne si belle et gentille, qu'en ayans prins pitié, je n'ay eu
le courage de luy faire mal. Ce pendant icelle croissant tousjours en beauté
me leschoit fort doucement la main dextre, me faisant infinies caresses et
de la teste et de la queuë. Ma douleur estoit grande, et grande la pitié que
j'avois d'elle, mais encores plus grande la douceur et contentement que je
10   recevois de ce leschement de main droicte. Voicy comme se verifie ce que
le songe parmy les fumées et ombres incom-[63ᵛ]prehensibles m'a
monstré. Le chien mastin qui en trahison m'a[198] mordu la main gauche
n'estoit autre chose que ce traistre Robert, la main gauche blessée estoit ma
fille deshonorée. Quand j'ay prins le chien par le col, c'est-à-dire Robert,
15   me pensant vanger de l'injure qu'il m'a faite, et que ce pendant il s'est
changé entre mes mains et est devenu petite chienne, c'est-à-dire une
pucelle, je n'enten pas encor que veut signifier le lescher de la main droite.
Il se peut faire que c'est de mon fils qui est mon bras droit et le soustien de
ma vieillesse. Mais de ce songe me demeure un plus grand doubte que
20   jamais, qui est comme il peut avoir vituperé ma fille, veu que je sçay
visiblement qu'il est femelle. Il faut donc que ce soit un autre chien qui
m'ayt mordu la main gauche. Patrice m'en esclaircira, lequel j'ay laissé avec
Constant, affin que luy mettant devant les yeux que Robert est femelle, il
convainque et combatte l'opinia-[64ʳ]streté de Susanne qui remet la coulpe
25   de son impudicité sur Robert pour lequel l'impossible combat et le deffend.
Je ne sçay qu'en dire, il en sçaura la vérité. Car comme la meschante verra
l'impossibilité de Robert, il faudra qu'elle change de propos et qu'elle
confesse estre menteuse. Je ne m'y suis pas voulu trouver affin de ne
sembler estre pere plus mol et paresseux que l'acerbité de l'injure ne le
30   requiert. Mais voicy Patrice, je le veux arraisonner.[199] Et bien vous
retournez bien resolu, que dit ceste ribaude, ennemie de son honneur, et
homicide de son pere? Qui est l'amoureux qui a couché avec elle?

PATRICE: Elle ne vacille point, elle dit tousjours que c'est celuy mesme
qu'elle a nommé dés le commencement.

35   **SEVERIN:** Qui, Robert? ô l'effrontée[,] pense-elle que je sois devenu
vescie?[200] veut-elle crever les yeux à la verité? me paistre de l'impossible.
Ne les avez-vous pas confrontez l'un contre l'au-[64ᵛ]tre? Qu'a-elle dit

---

197   mastin — a Mastive or Ban-dog (C).
198   EP: ma
199   arraisonner — raisonner, en parler à; to reason, confer, talk, with (C).
200   [Crede di vendermi vesiche]

quand elle a sceu que Robert est femme comme elle, comment se veut-elle
sauver?

PATRICE: Voicy un cas qui vous remplira de merveille et d'estonnement.
Croiriez-vous que Susanne l'a[201] vaincuë d'argumens, de raisons, de lieux,
5   de temps. Car elle dit, tu parlas à moy en un tel lieu, tu me dis telle chose
en tel jour, je fus avec toy à telle heure, tu m'embrassas, nous
commençames par telle occasion, tel accident nous advint. Cest autre oyant
ces raisons se taist, se plaint, pleure et le confesse tacitement, toutes fois
comme vous voyez l'impossibilité le deffend. Salomon ne sçauroit tirer
10   conclusion de ceste chose.

SEVERIN: Ah, meschans, je la tireray bien.

PATRICE: Et comment? vous y aurez fort affaire.

SEVERIN: Les empoisonnant l'une et l'autre je m'en despecheray, l'une
parce qu'elle a fait un enfant sans mary, l'autre pource qu'elle nie ce dont
15   elle est accusée. [65r]

PATRICE: Prenons le cas que tout ce que Susanne dit soit vray, une fille
ne peut-elle baiser et toucher une autre, quel mal y a-il? quelle
deshonnesteté! les femmes ne se baisent-elles pas l'une l'autre tous les jours
en nos presences?

20   **SEVERIN:** Devoit-elle faire ceste lascheté? estre femelle et comme masle
servir par plusieurs années en une maison noble et honorable? un honneste
homme ne peut et doit-il pas se vanger d'une telle malheureuse que ceste-
cy?

PATRICE: N'avez-vous pas entendu l'occasion pourquoy elle l'a[202] fait?

25   **SEVERIN:** Et ne sçavez-vous pas pourquoy elle ne le devoit faire?

PATRICE: Prenez garde Severin, que le coup de ceste vostre cruauté ne
tue quant et quant Constant vostre fils unique.

SEVERIN: Si vous le sçaviez bien, il y a longtemps que luy-mesme eust
prins la vengeance n'eust esté le respect qu'il me porte, vous l'avez trouvé.

Il est [65ᵛ] plus jaloux et fascheux[203] és choses d'honneur que je ne suis pas. Pleust à Dieu qu'il me ressemblast aussi bien en autre chose qu'en ceste-cy. Je sçay qu'il n'aura pitié de qui nous a tant offensé.

PATRICE: Que direz-vous quand le verrez pleurer à chaudes larmes[204] à ceste occasion?

SEVERIN: Pourquoy?

PATRICE: Genievre luy a descouvert la grande amitié qu'elle luy a tousjours portée, luy ramentevant d'une admirable pitié et grace, les divers accidens de ses amours de quoy le pauvret s'est tellement attendry le cœur que si Genievre meurt il veut mourir aussi. Le pauvre jeune homme vaincu des larmes qui en grande abondance lavoient le visage de Robert meu encores par la nouveauté du faict. Et considerant combien grande estoit l'amour que ceste fillette luy portoit, se desespere, se plaint, se fasche de sa tardité, accusant sa trop grande patience. Ceste [66ʳ] autre luy rejette la coulpe, luy remettant en memoire tout ce qu'ils ont faict et dit par ensemble. Que voulez-vous? le pauvret maudit l'amitié qu'il a porté à la Courtisanne, car elle a esté cause qu'il a vescu si long temps en tenebres.

SEVERIN: Voicy, Robert est la petite chienne qui me lesche la main droite et faict caresse à Constant, qui n'est seulement ma main, mais mon œil et ma vie. Toutesfois je ne croy point qu'en luy soit une si grande lascheté de cœur.

PATRICE: Entrons, et vous verrez qu'ils pleurent à qui mieux mieux, ceste-là luy raconte ses ennuis, et les tourmens qu'elle a endurez pour luy, et luy se plaint de ce qu'elle ne s'est baillée plustost à cognoistre, l'un pend au col de l'autre et doucement se caressent, qui les verroit en prendroit pitié. Mais les voicy, retirons-nous un peu et les voyons faire. [66ᵛ]

---

203 fascheux — offensive; also, angry, peevish, stubborn (C).
204 [piangere dirottissimamente] pleurer à chaudes ou à grosses larmes — expression fort répandue, voir Stefano; chaud — hot, fervent; also, vehement, violent, fierce (C).

DE L'ACTE V.

SCENE III.[205]

Constant. Robert.

CONSTANT: Helas m'amour essuye tes larmes conforte-toy, tes pleurs me tuent mon cœur: ne me fay plus pleurer, me ramentevant ce que je touche de la main, je voy, je cognoy, l'infinie amitié, que m'as porté, mais comme dès long-temps ceste amitié t'a fait mienne, aussi maintenant la
5   mesme m'estraint et me donne à toy. Amour veut que tu sois mienne puis que je suis tien, suffisent les injures que je t'ay faites dont je te crie mercy, et de tant d'ennuis que tu as souffers à mon occasion, hé! ne te tourmente ainsi mon cœur, ce qui sera de toy sera encores de moy, fay ce que je te dis, pren courage, et allons trouver mon pere lequel ou se contentera que tu sois
10   ma femme, et que Su-[67r]sanne espouse Fortunat ton frere, ou je ne vivray plus, si je ne puis plier sa durté, ce me sera plaisir de mourir avec toy, pren courage.

ROBERT: Helas Monsieur, je vous supplie ne me faire point sortir, le cœur et les jambes me faillent.

15   **CONSTANT:** Doncques tu as si peu de fiance en moy.

ROBERT: O Dieu! j'accable soubs ceste grande faveur que vous me faites.

CONSTANT: Hé, je te prie vien, dequoy as-tu peur.

ROBERT: Helas! je suis si debile que je ne puis soustenir le grand faix de l'esperance que me donnez, et puis l'erreur que j'ay commis en vostre
20   maison, et la lourde injure de vostre sœur me mettent en deffiance et menassent de mort.

CONSTANT: Hé, ne pleure plus.

ROBERT: Helas, vostre pere ne tiendra compte de mon merite envers vous, mais bien se souviendra de mes fautes. Mais helas, j'ay ouy du bruit,
25   je crains qu'il ne vienne, je m'en vas. [67v]

CONSTANT: Atten un peu.

---

205   Voir *Gl'Inganni*, V iv, Gostanzo e Ruberto.

ROBERT: Je ne puis.

DE L'ACTE V.

SCENE IIII.[206]

Regnier. Anselme. *Vieillards.*

REGNIER: Je croy par l'effect, que celuy qui premier trouva l'art de la guerre avoit l'estomac de fer, et l'esprit de feu, et hazarda sa vie à la mercy de plusieurs et diverses sortes de morts. Que maudite soit la rebellion, et les
5   fauteurs[207] d'icelle, car tous nos malheurs viennent de là, JESUS, combien d'incommoditez, combien de perils ay-je encouruz à ceste occasion, la pensée seulement m'en fait venir l'eau au front. Je ne suis pas ce me semble encores bien asseuré, combien que je sois entre tant d'honnestes personnes.[208]

10   **ANSELME:** Je pense qu'on ne sçauroit trou-[68ʳ]ver un exemple plus miserable que le mien, ny homme plus travaillé que moy qui pour eviter les guerres plus que civilles, allumées en la France par les François mesmes, j'ay par sept ans entiers esté detenu prisonnier entre les lyens de divers voleurs et à diverses fois, où j'ay vescu une vie sans vie. Et ce qui me tuoit
15   le plus en ma captivité estoit le[209] regret que j'avois d'avoir laissé à la mercy des Tirans et de la famine deux miens enfans sous la conduite d'une bonne vieille qui mourut incontinent apres mon depart.[210] Or maintenant qu'il a pleu à Dieu me racheter de la main de ces fiers et cruels Barbares. Et ayant apprins de vous que mon fils Fortunat est en ceste ville, j'y suis venu pour
20   le chercher, et premierement pour rendre grace à la divine bonté de ma delivrance, et que mon fils est vivant.

---

206   Voir *Gl'Inganni*, V vi, Ranieri e Anselmo. La scène V v, Massimo, il Tullio, est omise.

207   fauteur — favoriseur (N); supporter (C).

208   [Con effetto credo ch'avesse il petto di ferro colui che primo trovò l'arte del navigare e la sua vita commisse alla fede del mare e del vento, quanti incommodi, quanti pericoli! Gesù, e mi pare anco che la terra mi vacilli sotto e l'animo pauroso ancor non s'acqueta.]

209   EP: les

210   [Credo che non si possa trovare essempio più miserabil del mio che, per commettermi alla fede del vento e del mare, dodici anni ho sentito durissima cattività nella Natolia e se l'Amica forte non m'aiutava, poteva morir tra quelle genti barbare, tra quei cani.] Notons que Larivey a bien réussi à transposer la pièce d'Italie en France, voir Introduction, p. XII.

REGNIER: Je le laissay en ceste ville sain et sauf, et, comme par le chemin je vous [68ᵛ] ay tant souvent dit, l'autre encores nommé Robert lequel demeure chez nous.

ANSELME: C'est ce qui me trouble et tient mon esprit en suspens, et ne
5 puis croire que ce soient mes enfans. Car je n'euz jamais qu'un fils et une fille nommée Genievre.

REGNIER: Je ne sçay que Fortunat appelle tousjours Robert son frere, et Robert de mesme. Et comme tels s'ayment et se visitent souvent. Et qui plus est se ressemblent tant, qu'il est impossible croire autrement.

10 **ANSELME:** Helas mon Dieu c'est ce qui me tourmente, la nuée de mon allegresse se va descouvrant peu à peu, car voicy s'approcher le Soleil de verité. Si Robert est frere de Fortunat mon contentement s'esvanouyt, et toutes mes esperances se consomment en fumée. Allons je vous prie, car l'insupportable desir que j'ay de m'en esclaircir me cuit la poitrine plus que
15 ne pouvez penser une heure me dure mille ans. Enseignez-moy un [69ʳ] peu la maison de ceste femme où vous dites que Fortunat demeure.

REGNIER: Il n'y a pas loin de nostre logis[,] passons par là je la vous monstreray, et qui plus est je vous envoyeray Robert si tost que seray arrivé.

20 **ANSELME:** Je ne me soucie point de ce Robert sinon pour l'amitié et ressemblance qu'il a avec Fortunat.

REGNIER: Voyez-vous ceste porte qui est à ce coin?

ANSELME: Ouy.

REGNIER: C'est là où demeure vostre fils.

25 **ANSELME:** Pleust à Dieu que ce soit le mien, je vous laisseray donc, vous remerciant de l'amiable compagnie que vous m'avez faite. Et si je trouve mon fils, je vous promets que je vous feray un present qui vous rendra contant.

REGNIER: Nous nous reverrons, je vous iray trouver. Dieu vueille que
30 Robert soit encor vostre, autrement je parie sa perte pour cela que je vous ay dit. A Dieu.

ANSELME: A Dieu. Je n'ay que faire de luy, [69ᵛ] car il n'est ne peut estre, et ne veux qu'il soit mien.

DE L'ACTE V.

SCENE V.²¹¹

Anselme. Silvestre. Gillette.

ANSELME: Je recognoistray bien mes enfans si tost que je les verray, car ny mes fortunes, ny ma captivité, ny leur servitude, ny le temps ne me les
5   ont peu oster de la memoire. Il me semble que je les voy tous deux beaux, vermeils, gentils, le visage rond, les yeux noirs, bref tels qu'ils donnoient envie à un chacun de les veoir. Au moins si je pouvois retrouver le garçon, mais il m'est advis que ce sera quelque autre paraventure de mes voisins qui aura un pareil nom, ce qui ne peut estre autrement s'il a un autre frere.
10   Mais ce ne sera mal faict que je frappe à ceste porte affin de m'en esclaircir. Tic, toc. [70ʳ]

SILVESTRE: Qui est là? ho, c'est un estranger. Madame venez, un oyseau passager s'est venu mettre en vos rets, ho, il est vieil, il sera bien dur à cuyre.

15   **GILLETTE:** Cela n'importe, il fera meilleur potage, pourveu qu'il se laisse plumer.

ANSELME: Corps de diable, me voicy bien arrivé, ceste-cy parle²¹² desja de me plumer, mais elles n'y gaigneront gueres. Car tant plus l'oyseau est vieil, d'autant plus mal aysement laisse-il la plume.

20   **SILVESTRE:** Que demandez-vous homme de bien?

ANSELME: Je desire parler à vous.

SILVESTRE: Attendez, je vous vas ouvrir la porte.

ANSELME: J'atten. Si Fortunat a long-temps esté nourry en ceste maison, je m'atten qu'il aura aprins beaucoup de bien, mais voicy qu'on ouvre l'huys, et toutes-fois je ne voy point Fortunat.

---

211 Voir *Gl'Inganni*, V vii, Anselmo solo; V viii, Silvestra, la Ruffiana, Anselmo.
212 EP: parlent

GILLETTE: Que cherchez-vous Monsieur, vous ne me semblez pas estre de ceste ville. Est-il pas vray?

ANSELME: Je suis d'Orleans, et ne fais que d'arriver.[213] [70v]

GILLETTE[214]**:** Vous estes marchant?

5 **ANSELME:** Ouy.

GILLETTE: Quel est vostre trafic?

ANSELME: Nul à cause des troubles, mais auparavant je trafiquois à Paris à Lyon, par toute la France et l'Italie et mesmes jusques en levant.[215]

10 **GILLETTE:** En levant, allez, vous ne nous estes pas bon, aucun n'entre ceans qui ne trafique en ponant, nous avons affaire d'hommes qui nous donnent et non qui emportent.[216]

ANSELME: Si vous avez quelque chose qui m'appartienne, ne me le voulez-vous pas rendre d'amitié?

SILVESTRE: Voyez un peu, il a peut-estre donné son cœur, et il le veut
15 r'avoir.

ANSELME: Vous dites bien, je cherche mon cœur et mon ame.

SILVESTRE: Que vous ay-je dit?

GILLETTE: Nous serons tantost d'accord, vous sçaurez de nos affaires, et nous sçaurons des vostres.

20 **ANSELME:** Il ne vous coustera rien d'estre les premieres à me faire plaisir, mais [71r] premierement, escoutez ce que je cherche.

GILLETTE: Nous vous entendons trop, et vous ferons plaisir de nostre marchandise, pourveu qu'encor vous nous faciez plaisir de la vostre. Vous ne recevrez paraventure en lieu de ceste ville plus de plaisir et de contentement que ceans.

---

213 [Son forastiero sì, e pur ora son smontato di barca.]
214 Cette réplique et la suivante de Gillette sont prononcées par Silvestra/Silvestre chez Secco.
215 Le texte italien n'a que 'Io trafico per Levante'.
216 Secco fait un jeu de mots sur 'Levante' et 'e non che ci levino' que Larivey imite en moins bien avec 'en levant' et 'et non qui emportent'.

ANSELME: N'y a-il pas icy un jeune garçon qui a nom Fortunat?

GILLETTE: Ouy, que luy voulez-vous?

ANSELME: Je l'ayme plus que personne du monde.

GILLETTE: D'où vient ceste amitié, dites franchement luy attouchez-
5 vous en quelque chose?

ANSELME: Je suis son parent, et le cherche pour son bien et profit.

SILVESTRE: Son parent?

ANSELME: Ouy, sans faute. Que diriez-vous si j'estois son pere?

SILVESTRE: Ho, ho, son pere est mort il y a long temps, allez allez, si ne
10 voulez autre chose.

ANSELME: On m'a bien tenu pour mort, [71ᵛ] mais Dieu mercy me voila,
si ne le voulez croire, confrontez-le-moy, et vous verrez s'il me
recognoistra.

SILVESTRE: Laissez-le entrer.

15 **GILLETTE:** Entrez.

DE L'ACTE V.

SCENE VI.²¹⁷

Patrice. Regnier.

PATRICE: Est-il possible qu'il soit tant riche comme vous dites?

REGNIER: Encores plus, voyez, je ne me trompe point, j'en ay parlé à
plus de cent marchans qui le congnoissent, qui m'ont dit, que sans ces
maudites guerres icy, et sa prison il seroit deux fois plus riche qu'il n'est.

20 **PATRICE:** Vous a-il dit qu'il avoit deux enfans l'un masle et l'autre
femelle? qu'ils n'estoient aagez que d'un an l'un plus que l'autre? qu'il les

---

217 Voir *Gl'Inganni*, V ix, Tullio, Ranieri.

laissa en la garde d'une vieille qui les vestit d'une mesme pareure,[218] et sorte d'accoustremens? Qu'il a esté prisonnier? [72r] que la fille a nom Genievre?

REGNIER: Ouy vous dis-je, et tout par le menu, mais il n'a voulu advoüer
5	Robert pour son fils, par ce que je luy affirmois qu'il est masle.

PATRICE: La chose est asseurée, ô comme elle est arrivée à temps! Que dites-vous de ceste finette[219] Genièvre, qui a tousjours esté opiniastre, et n'a jamais voulu accuser son frere, jusques à ce qu'elle a esté asseurée de la venue de son pere? Et de Susanne qui s'est laissée engeoller[220] et introduire
10	en sa chambre Fortunat pour Robert, le monde s'affine[221] tous les jours.

REGNIER: Quoy qu'il en soit la chose semble incredible, et toutes fois elle est veritable, mais voicy Anselme.

DE L'ACTE V.

SCENE VII.[222]

Anselme. Patrice. Regnier.

ANSELME: Bon soir, je me suis bien arrivé avec ces femmes qui se mocquent de moy. [72v]

15	**PATRICE:** Nostre maistre, le Sire Severin vous prie le venir trouver tout à ceste heure, pour vous dire quelque chose qui importe de beaucoup.

REGNIER: Venez si voulez recognoistre un de vos enfans.

ANSELME: Qui Fortunat?

REGNIER: Non, l'autre.

20	**ANSELME:** Je sçay bien que jamais je n'eu qu'un garçon.

218	pareure — parure, vêtement; appareil, attire (C).
219	finette — a pretty crafty slave, a wily mate, a subtle companion (C).
220	engeoller — enjôler; to attract, entice, besot; also to encage (C).
221	affiner — peut signifier aussi tromper: to deceive, beguile; also to bring to an end, refine (C).
222	Voir Gl'Inganni, V x, Anselmo, Tullio e Ranieri.

REGNIER: Venez avec nous, car nous voulons vous bailler le masle et la femelle sains et sauves. Que voulez-vous d'avantage?

ANSELME: O Dieu est-il possible! à peine le croy-je, allons vistement.

PATRICE: Ne dites ainsi, mais bien qu'il sera en sa puissance, s'il veut, de
5   les avoir sains et sauves.

ANSELME: Helas, pourquoy sont-ils en quelque danger?

PATRICE: Venez avec nous, vous sçaurez tout.

ANSELME: Dites-moi je vous prie, qu'est-ce que d'eux?

PATRICE: Ce qu'il vous plaira, que vou-[73^r]lez-vous? Or voicy nostre
10   maison, entrez Regnier faites incontinent venir Fortunat, peut-estre qu'il s'en sera enfuy de peur, trouvez-le et l'asseurez entierement.

ANSELME: Je croy qu'il est en la maison, mais ces femmes se vouloient mocquer de moy.

REGNIER: J'y vas veoir, tic, toc.

DE L'ACTE V.

SCENE VIII.[223]

Silvestre. Regnier. Dorothée.

15   **SILVESTRE:** Qui est là? ho, ho, c'est Regnier de chez Constant. Que cherches-tu?

REGNIER: Faites vistement venir Fortunat, car je luy apporte les meilleures nouvelles du monde.

SILVESTRE: Est-il vray que ce vieillard est son pere?

20   **DOROTHEE:** Que cherches-tu Regnier?

---

223   Voir *Gl'Inganni*, V xi, Silvestra, Ranieri e Dorotea.

REGNIER: Vostre Fortunat pour le rendre [73ᵛ] le plus contant homme du monde.

DOROTHEE: Ce vieillard est-il son pere?

REGNIER: Sans doubte, et sçavez-vous comme il est riche?

5   **DOROTHEE:** Riche?

REGNIER: Tres riche.

SILVESTRE: Je te prie ne nous trompe point, il ne vouloit pas qu'on sceust qu'il est ceans.

REGNIER: Hé faites-le venir en asseurance, car voicy son bien. Dites-luy
10   pour enseignes²²⁴ que sa Susanne sera aujourd'hui sa fiancée, et que mon maistre Constant espousera Genievre sa sœur, puisqu'on en est contant.

SILVESTRE: Qui est ceste Genievre?

REGNIER: Nostre Robert.

SILVESTRE: Quel Robert?

15   **REGNIER:** Le laquais qui venoit tous les jours ceans.

DOROTHEE: O malheureuse que je suis, Robert est femme, nous avons perdu un amy si ton maistre se marie. Ce sera bien fait de prendre garde à moy, et ne perdre de tout point le Capitaine. Je vas envoyer vers luy. [74ʳ]

DE L'ACTE V.

SCENE IX.²²⁵

Fortunat. Regnier.

FORTUNAT: Quoy, mon pere est vivant?

REGNIER: Vous l'ay-je pas dit, il est icy.

---

224   enseigne — sign, argument, presumption of a thing (C).
225   Voir *Gl'Inganni*, V xii, Fortunato, Ranieri.

FORTUNAT: En quel lieu?

REGNIER: En nostre maison.

FORTUNAT: Veut-il bien que Susanne soit ma femme?

REGNIER: Ouy, vous dis-je.

5   **FORTUNAT:** Et que ma sœur Genievre espouse Constant[?]

REGNIER: Ouy.

FORTUNAT: O Jour heureux? ô moy Fortuné, je te prie ne me trompes point.

REGNIER: J'en serois bien marry, l'affaire va bien.

10   **FORTUNAT:** O comme je te recompenseray.

REGNIER: Dieu le vueille. [74ᵛ]

DE L'ACTE V.

SCENE X.²²⁶

La femme du Medecin. Adrian. Lyonnelle *servante en dehors.*
Le Medecin. Dorothée. Gillette. Silvestre *en dedans.*

LA FEMME DU MEDECIN: Regarde bien que tu fais, Adrian, ne me meine point dehors si tu n'en es bien asseuré.

ADRIAN: Ha, je sçay bien où j'ay les pieds, pensez-vous que je vous
15   l'eusse voulu dire, si je n'en estois asseuré, venez vous dis-je.

LA FEMME: Que ce vieil chancy²²⁷ de mon mary se enyvre?

ADRIAN: Il s'ennyvre.

LA FEMME: Qu'il m'a desrobbé une robbe pour la donner à une putain!

226   Voir *Gl'Inganni*, V xiv, La Moglie del Medico, il Cima, Lionella, di fuori; il Medico, Dorotea, la Ruffiana, Silvestra, di dentro. La scène V xiii, Lo Straccia, Silvestra, Dorotea, est omise.
227   chancy — moisi, malodorant et vieux: musty, stinking or unsavoury with age (C).

ADRIAN: Il l'a desrobbée.

LA FEMME: Qu'il luy a donné plus de vingt escus depuis trois jours en çà?

ADRIAN: Il les luy a donnez. [75r]

5   **LA FEMME:** Je ne le puis croire, et toutes-fois tu t'offres de me le faire voir.

ADRIAN: Je le vous feray voir.

LA FEMME: O Chetive que je suis! combien me trompe ce malheureux, je pensois avoir un mary sobre, continent, homme de bien, et sur tout amy
10 de sa femme.

ADRIAN: Et vous avez un mary, yvrongne, incontinent, vostre ennemy mortel, et amy des putains.

LA FEMME: O Dieu, comme cela se peut-il faire? je ne le croy pas.

LYONNELLE: Madame, ne vous le disois-je pas bien, donnez-vous du
15 bon temps, jouyssez encores des plaisirs de ce monde, que vous en semble? Ces maris sont tous meschans, leurs femmes leur semblent fiel, et toutes les autres sont miel, que le diable l'emporte!

LA FEMME: Voila, le meschant alloit tous les jours souper chez Gautier, chez Martin, avec cestui-cy, avec cestui-là, pour mieux lescher le
20 cul à sa vilaine228. [75v]

LYONNELLE: Je vous l'ay tousjours bien dit.

LA FEMME: O moy malheureuse! combien l'ay-je dorelotté la nuict pensant qu'il eust employé toute la journée à visiter des malades, hanter les bouticques229 des Apoticaires, couru toute la ville, et qu'à ceste cause il fust lassé, et qu'il avoit besoin de repos, comme il avoit le ruffien: mais c'estoit pour s'estre trop travaillé és jardins230 d'autruy laissant celuy de sa maison en friche.

---

228 [leccar il culo alle puttane]
229 EP: bonticques
230 travailler ez jardins d'autrui — faire l'amour avec la femme d'un autre (S). Cf. Cependant qu'Alix estoit fille,/ Planter en son jardin la quille,/ A l'envi chacun eust crié, E. Jodelle, *L'Eugène*, éd. M.

ADRIAN: Allons, je le vous feray surprendre à l'impourveu, et vous verrez beau jeu.

LA FEMME: Allons.

ADRIAN: Arrestez icy.

5 **LA FEMME:** Qu'y a-il?

ADRIAN: Si vous voyez vostre mary en juppon[231] avec un chapeau de fleurs sur la teste à demy yvre, couché au giron d'une dame, le cognoistrez-vous?

LYONNELLE: Pourquoy non?

10 **LA FEMME:** Entre mille.

ADRIAN: Venez çà, haussez-vous un petit, mettez icy un pied, que vous en semble? le cognoissez-vous? pensez-vous [76r] cela estre visiter les malades, hanter les boutiques des Apoticaires, et courir par la ville?

LYONNELLE: En bonne foy c'est luy-mesme[232].

15 **LA FEMME:** Helas je suis morte, ha traistre. Entrons leans, car je ne puis endurer m'estre fait un si grand tort, et en tirons le poltron par les cheveux.

ADRIAN: Attendez, escoutons un peu auparavant qu'ils font, affin que me croyez mieux une autre fois.

DOROTHEE: Embrassez-moy ma vie, serrez-moy fort, que diroit vostre
20 femme, si elle vous voyoit ainsi enlassé avec moy?

LE MEDECIN: Le mal en Dieu luy envoye la vilaine, la puante, la sorciere.
LYONNELLE: O pauvre moy! avez-vous ouy?

LA FEMME: Laisse faire, qu'il vienne en la maison, le marault, c'est toy
25 qui es puant[233], vilain!

Freeman, Exeter, 1987, vv. 273-275; 'orto' (jardin) pouvait signifier 'la région sexuelle féminine' (voir J. Toscan, op. cit.).
231 juppon — a short cassock (C).
232 EP: luy mesmes
233 EP: es es puant

ADRIAN: Que vous en semble? st, paix escoutez, vous en oyrez bien d'autres.

GILLETTE: Verse-moy à boire Silvestre, je meurs de soif.

SILVESTRE: Il est raisonnable, je beuray bien [76ᵛ] aussi un coup, ô que
5   cela me fait grand bien, voila de bon vin.

LYONNELLE: Et nous, beuvons du ripoppé²³⁴.

GILLETTE: Emply bien, apporte, Monsieur le Medecin je boy à vous.

LE MEDECIN: Grand mercy ma mere, je vas boire à toy mon cœur, mon petit œil, baise-moy devant.

10   **LA FEMME:** O chetive que je suis je me meurs, de quel courage ce meschant la baise-il.

LE MEDECIN: O Halaine suave et douce, ô ame delicate, je sens bien que ce ne sont pas des baisers de ma femme.

DOROTHEE: Quoy l'halaine luy put-elle?

15   **LE MEDECIN:** Une charongne, un retraict n'est pas plus puant, ô quelle mort quand il faut que je l'accolle.

ADRIAN: Que vous en semble madame, avez-vous ouy?

LA FEMME: Il seroit meilleur au putier qu'il se fust mordu la langue.

ADRIAN: Taisez-vous, st, st, st.

20   **DOROTHEE:** Et comment l'aymez-vous si elle put si fort?

LE MEDECIN: Comment je l'ayme, je vous-[77ʳ]drois qu'elle fust morte il y a dix ans.

LA FEMME: Je ne me puis plus tenir je n'en sçaurois plus endurer, va-t'en Adrian, A Dieu.

---

234 [beiamo vin con la muffa] la muffa — la fleur dans le vin, moisissure (O); ripoppé — vin frelaté:
bad wine made a great deal worse by much water (C).

ADRIAN: A Dieu.

LA FEMME: Je ne suis encores morte Traistre, je veux vivre pour ta penitence yvrongne, ruffien, ladre. Est cecy l'honneur que tu me fais? Si je te le pardonne. Tu as menty par la gorge.

5   **LE MEDECIN:** O, ho ma femme, bon soir, bon soir.

LA FEMME: Tu te souviens maintenant yvrongne, que je suis ta femme, il n'y a pas longtemps que tu ne disois pas ainsi.

LE MEDECIN: De grace ne vous faschez point je vous prie, mon cœur.

LA FEMME: Que je ne me fasche point, si je ne te paye, si je ne t'en fais
10   repentir, hors d'icy amoureux de merde, debout sot, debout en la maison.

LE MEDECIN: Je suis perdu.

LA FEMME: Ains trouvé au bordeau au giron des putains, meschant, vilain, [77ᵛ] asne basté, tu es encores à couver, debout amoureux baveux, debout en la maison.

15   **LE MEDECIN:** Miserable que je suis.

LA FEMME: Tu ne te trompes pas non, debout amoureux transi, glaireux, morveux, debout puant, en la maison.

ADRIAN: Mon maistre est mort, il vault mieux que je voise faire faire sa fosse.

20   **LE MEDECIN:** Pardonnez-moy ma femme, je suis mort.

LA FEMME: Conte un peu bel estron, comme l'halaine de ta femme put. C'est à toy qu'elle put chancreux, plus qu'un sepulchre ouvert, l'halaine me put viel poüacre,²³⁵ tu en as menty, viel radotté!²³⁶

LE MEDECIN: Je me mocquois.

LYONNELLE: Vous ne vous estes pas mocqué quand avez desrobbé la
25   robbe pour la donner à ceste verollée, à ceste truande eshontée, viel fol,

---

235 poüacre — snivelly, one that is ever spitting, spattering, or blowing his nose (C).
236 radotté — an old dotard or doting fool (C).

qu'il faut en cest aage que vostre femme vous vienne tirer du bourdeau. O la belle chose?

LA FEMME: Leve-toy Carongne pourrye, [78r] leve-toy demeurant de fumier, et va en la maison. Et quand à ces miserables qui s'en sont fuyes, je
5   les empescheray bien de rire. Marche amoureux de paille[237], marche, je ne sçay qui me tient que je ne t'arrache les yeux!

LE MEDECIN: Pardonnez-moy pour ceste fois, je ne le disois pas de bon, par ma foy, l'ordinaire des maris est de dire mal de leurs femmes en se jouant.

10   **LA FEMME:** Que je te pardonne, rien rien, faisons du pis que nous pourrons l'un l'autre. Tu trouveras des garces, et je feray ce que je sçauray faire. Je ne veux plus me tourmenter pour un viel sot tout pourry, puis que la chose doit ainsi aller, va, fay à ta mode je ne t'en empescheray pas poltron[,] yvrongne, meschant, cherche une femme à qui l'halaine ne puë
15   point, et je me pourvoyeray d'un homme qui soit plus gaillard que toy, et qui ne porte point de brayes.[238]

FIN

---

237 [innamorato da poco]
238 EP: brayers. cf. porter les brayes — ravir à l'homme l'autorité dans le ménage (S).
Voilà une conclusion qui sort de l'ordinaire, car normalement la comédie dite classique se terminait autrement (voir notre Introduction, p. XIV). Chez Térence, à la fin de l'*Andria,* Davus invite les assistants à se réjouir: 'Messieurs n'attendez ja qu'ilz reviennent icy meshuy: car on les espousera leans, tout se depeschera au logis. Au reste resjouyssez vous & faictes tous signe de joye' (Trad. Charles Estienne, 1542, op.cit.); et, dans l'*Eunuque,* Fedri les exhorte à applaudir: 'Tout va bien: venés ça tretous./ Adieu, plaudissés entre vous' (Trad. J.-A. Baïf, *Les Ieux,* Paris, Lucas Breyer, 1573). Chez le Pseudo-Plaute, l'orateur de la troupe dans l'*Asinaria* se permet de chercher l'indulgence du public: 'Le vieillard que voyez s'est, en cachette de sa femme, laissé aller au plaisir; il n'a rien fait de bien neuf ni de surprenant, ni qui diffère de ce que d'autres font couramment; nul n'est d'un naturel si rigide, ni d'un cœur si invulnérable, qu'à l'occasion il ne se donne un peu de bon temps. Maintenant, si vous voulez intercéder pour épargner à cette tête blanche la bastonnade, nous présumons que vous pouvez y réussir par des applaudissements sonores' (Trad. Louis Havet et Andrée Freté, *Le Prix des Anes,* Paris, Soc. Les Belles Lettres, 1925, p. 79). François d'Amboise, dans les *Néapolitaines* de 1584 fait clore la pièce par Gaster qui s'écrie, 'Demenez les mains, & moy les dents' (op.cit., p. 77r), et Jean Godard (*Les Desguisés,* 1594) suit aussi le modèle classique: Maudolé invite les assistants à aller manger: 'Allons, allons; je suis d'advis,/ Que nous allions voir quelle mine/ Tient à cette heure la cuisine' (in *Les Œuvres de Jean Godard,* Lyon: Pierre Landry, 1594).

Appendice I

Tableau des correspondances entre les scènes de
Gl'Inganni et celles des *Tromperies*

GL'INGANNI	LES TROMPERIES
Prologo	[Omis]
Argomento	Prologue

ATTO I		ACTE I	
i)	Gostanzo }		
ii)	La Ruffiana, Gostanzo }	i)	Constant, Gillette
iii)	Gostanzo }		
iv)	Ruberto }		
v)	Ruberto, Fortunato }	ii)	Robert, Fortunat
vi)	Fortunato }		
vii)	Il Medico	iii)	Le Médecin, Adrian
viii)	Il Medico, Il Cima		
ix)	Gostanzo, Il Vespa, Ruberto	iv)	Constant, Valentin, Robert
x)	Ruberto, Gostanzo	v)	Robert, Constant

ATTO II		ACTE II	
i)	Dorotea	i)	Dorothée, Le Médecin, Adrian
ii)	Dorotea, Il Medico, Il Cima		
iii)	La Ruffiana, Dorotea	ii)	Gillette, Dorothée
iv)	La Balia, Silvestra	[Omis]	
v)	Fortunato, Gostanzo, Il Vespa	iii)	Fortunat, Constant, Valentin
vi)	Tullio, Massimo	iv)	Severin, Patrice
vii)	Gostanzo, Dorotea		
viii)	Gostanzo	v)	Constant, Dorothée
ix)	Il Capitano, Lo Straccia	vi)	Le Capitaine, Bracquet
x)	La Ruffiana, Dorotea, Silvestra		
xi)	Dorotea, Silvestra, Il Capitano, Lo Straccia	vii)	Silvestre, Dorothée, Le Capitaine, Bracquet
xii)	La Ruffiana, Dorotea, Il Capitano	viii)	Gillette, Dorothée, Le Capitaine
xiii)	Il Capitano, Lo Straccia	ix)	Le Capitaine, Bracquet

ATTO III		ACTE III	
i)	Il Vespa		
ii)	Fortunato, Il Vespa	i)	Valentin, Fortunat
iii)	Dorotea, Il Cima, Il Medico		
iv)	Il Medico, Il Cima	ii)	Dorothée, Adrian, Le Médecin
v)	Fortunato, Il Facchino, Ruberto		[Omis]
vi)	Ruberto		
vii)	Ruberto, Dina	iii)	Robert
viii)	Ruberto, Gostanzo, Il Procuratore Il Secondo Notaio		
		iv)	Robert, Constant
ix)	Gostanzo, Il Procuratore, Il Secondo Notaio		[Omis]
x)	Il Cima	v)	Adrian

ATTO IV		ACTE IV	
i)	Lo Straccia, Il Capitano	i)	Bracquet, Le Capitaine
ii)	Un Ruffiano, Il Capitano, Lo Straccia	ii)	Adrian, Le Capitaine, Bracquet
iii)	Lo Straccia, Il Capitano		[Omis]
iv)	Il Cima		
v)	Gostanzo, Fortunato, Il Procuratore,Il Vespa	iii)	Constant, Fortunat, Valentin
vi)	Ruberto, Porzia, La Balia, Il Vespa, Gostanzo		[Omis]
vii)	Fortunato	iv)	Fortunat
viii)	Dorotea, La Ruffiana	v)	Dorothée, Gillette
ix)	Il Vespa		[Omis]
x)	Il Capitano, Ceccone co' compagni, Lo Straccia, Dorotea		[Omis]
xi)	Massimo, Il Vespa	vi)	Severin, Valentin
xii)	Il Cima, Il Medico	vii)	Adrian, Le Médecin

ATTO V

i) Il Cima, Il Medico
ii) Massimo
iii) Massimo, Tullio
iv) Gostanzo, Ruberto
v) Massimo, Tullio
vi) Ranieri, Anselmo
vii) Anselmo
viii) Silvestra, La Ruffiana, Anselmo
ix) Tullio, Ranieri
x) Anselmo, Tullio, Ranieri
xi) Silvestra, Ranieri, Dorotea
xii) Fortunato, Ranieri
xiii) Lo Straccia, Silvestra, Dorotea
xiv) La Moglie del Medico, Il Cima,
Lionella, Il Medico, Dorotea,
La Ruffiana, Silvestra

ACTE V

i) Adrian, Le Médecin

ii) Severin, Patrice
iii) Constant, Robert
[Omis]
iv) Regnier, Anselme

v) Anselme, Silvestre, Gillette
vi) Patrice, Regnier
vii) Anselme, Patrice, Regnier
viii) Silvestre, Regnier, Dorothée
ix) Fortunat, Regnier
[Omis]
x) La Femme du Médecin,
Adrian, Lyonnelle;
Le Médecin, Dorothée
Gillette, Silvestre

Appendice II

Tableau des correspondances entre les personnages de
Gl' Inganni et ceux des *Tromperies*

GL'INGANNI	*LES TROMPERIES*
Gostanzo	Constant
La Ruffiana	Gillette
Ruberto	Robert
Fortunato	Fortunat
Il Medico	Le Médecin
Il Cima	Adrian
Il Vespa	Valentin
Dorotea	Dorothée
La Balia	
Silvestra	Silvestre
Massimo	Severin
Tullio	Patrice
Il Capitano	Le Capitaine
con compagni	
Lo Straccia	Bracquet
Il Facchino	
Dina	
Il Procuratore	
Il Secondo Notaio	
Un Ruffiano	[Adrian]
Porzia	
Ranieri	Regnier
Anselmo	Anselme
La Moglie del Medico	La Femme du Médecin
Lionella	Lyonnelle

GLOSSAIRE

ABOY: (57) tenir quelqu'un en aboy — lui résister, lui tenir tête .

ACCABLER: (74) succomber; opprimere aliquem (N); aterrer (S-P).

ACCIDENT: (24, 72) aventure, événement.

ACCOL(L)ER: (28, 86) embrasser quelqu'un, jetant les bras autour du cou (N).

ACCOSTER: (27) aborder, approcher.

ACCOUSTRER: (57) arranger, préparer.

ADMONNESTER: (66) ordonner, commander.

ADONC: (10, 59, 70) alors .

AFFAIRE/ A FAIRE: (24, 56, 61, 72, 78) avoir affaire à quelqu'un/ à quelque chose — en avoir besoin.

AFFETÉ: (27) habile à parler, affecté; astutus (N).

AFFUSTER: (26) ajuster, équiper, disposer.

AGGRAVER: (70) alourdir, accabler.

AINS: (87) mais, plutôt, ainsi.

AIRE: (10) un lieu bien aplani (N).

ALARME: (31) émotion, épouvante, inquiétude, vigilance.

AMOUREUX DE PAILLE: (88) amoureux de peu de poids.

APOTICAIRE: (84, 85) apothicaire, pharmacien.

ARDENT: (15) ce qui se fait avec chaleur, passion et vehemence (F).

ARRAISONNER: (71) parler à quelqu'un, lui tenir propos (N).

ARRIVÉ: (43, 77, 80) bien arrivé — bienvenu.

ASSEURANCE: (82) certitude, confiance.

ASSEURÉ: (11, 30, 55, 75, 80, 83) certain, garanti.

ASSEURER, s': (11, 30, 55, 75, 80, 83) être sûr de.

ASSIGNATION: (56) rendez-vous (F).

ASSIS: (38) posé, placé.

ATTAQUER, s': (29) s'engager, commencer.

ATTIFFER: (55) orner, accoutrer (N).

ATTOUCHER: (79) attoucher à quelqu'un — être lié (par la parenté).

AVANTAGE d': (5, 9, 24, 31, 40, 45, 81) davantage, d'autre.

BADIN: (10) bouffon, sot, niais (S-P).

BAILLER: (25, 36, 41, 45, 52, 73, 81) donner.

BARBET: (43) chien à gros poil et frisé qu'on dresse à la chasse des canards (F).

BEGUIN: (45) bande, ruban de tête.

BEURAY: (86)boirai.

BIEN: (25, 34, 43, 44, 82) ce qui accommode nos affaires ou qui conserve ou rétablit notre santé (F).

BLANDISSEMENT: (10) flatterie, parole douce, caressante.

BLED: (43) blé.

BO(U)RDEAU: (20, 87, 88) bordel.

BOULLEVARD: (57) rempart, ouvrage de défense.

BOURELER: (18) torturer, tourmenter; vex extremely (C).

BOURELLE: (7) sanguinaire, cruel sans pitié (F).

BOUT: (51) au bout — en supplément.

BRAVE: (5, 15, 16, 35, 48) celui ou celle qui s'habille pompeusement et marche en fière contenance (N).

BRAVERIE: (9) provocation, témérité, arrogance, insolence.

BRAYES: (88) linge qui couvre les parties honteuses, comme caleçons, bas de chemises (F).

BREF: (28) en bref — bientôt.

BROCARDEUSE: (51) railleuse.

BURAL: (44) sorte d'étoffe fine.

ÇA: (84) en ça — avant le temps présent.

CAIGNARD: (7) abri misérable; repaire de gens sans aveu; souvent abri sous l'arche d'un pont.

CAMELOT: (44) étoffe faite ordinairement de poil de chèvre, avec laine ou soie (F).

CANCRE: (14, 67) chancre, ulcère; (46, 58) aussi une imprécation, ou un juron.

CAR(R)ESSE: (16, 28, 48, 50, 61) démonstration d'amitié ou de bienveillance (F).

CAS: (40) grand cas — beaucoup; chose importante, surprenante.

CAVALLE: (14) chevaucher.

CEANS: (27, 46, 62, 64, 78, 82) démonstratif du lieu où on est (F).

CHANCREUX: (87) ulcéreux.

CHASTAIGNER: (45) châtain.

CHASTIE-FOLS: (58) châtie-fous — une espèce d'épée ou de gourdin.

CHENEVIÈRE: pépinière pour le chanvre; (25) espouvantail de chenevière — est un fantôme habillé en homme pour épouvanter les oiseaux qui veulent venir manger le chenevi (F).

CHESNONS: (38) partie postérieure du cou, la nuque.

CHETIF/VE: (8, 11, 13, 19, 25, 42, 62, 67, 84, 86) c'est pauvre, misérable, infortuné, dans les Romans quelquefois signifie méchant (F).

CHIER: en l'ordon (68) — être au dessous de sa tâche.

CIL: (51) celui.

CLAUSE: (28) phrase, période.

CLISTERE: (25) c'est un remède ou injection liquide qu'on introduit dans les intestins par le fondement (F).

COCODRILLE: (35) variante de crocodile.

COGNOISTRE: (18, 40, 73, 85) reconnaître.

COIFFE: (57) couverture légère de la tête (F).

COLOMBELLE: (26) colombe.

COMBIEN QUE: (55, 75) quoique.

COMMODITÉ: (14, 21) aise; se dit aussi des occasions favorables que le hasard envoye (F).

CONDITION: (14, 37) caractère, qualité, nature.

CONFORTER, se: (74) se consoler.

CONNIL: (59) lapin.

CONSERVATEUR: (31) préservateur.

CONSOMMER: (76) consumer, détruire.

CONSUL: (61) conseiller, échevin, administrateur (S-P).

CONTE: (8, 9, 10, 12, 15, 16, 22, 25, 47, 55) compte

CONTENANCE: (15, 27, 56) est le geste et maintien rassis de toutes les parties du corps en une personne (N).

CONTENT: (30) comptant.

CONVENIR: (61) assigner en justice (F).

COQUART: (9) élégant, sot, niais, cocu.

CORNETTE: (60) un étendard/ officier de cavalerie (F).

COTTE: (44) jupe, robe, jupon.

COÜÉ: (39) celui qui a queue (N).

COULPE: (71, 73) faute.

COUP: (47) coup à coup — par des coups répétés, à chaque instant, immédiatement; (18) à tous coups — très souvent (F).

COURIR SUS: (59) attaquer.

COURTINE: (8) rideau de lit (S-P).

COUVER: (87) tu es encore à couver — tu n'es qu'un débutant.

COUVERTEMENT: (23) d'une manière couverte, secrète, cachée (F).

COY: (25) qui n'a aucun mouvement, ni agitation, qui est dans la tranquillité (F).

CRESPER: (65) rider.

CRIERIES: (14) cris.

CROUSTELLÉ: (58) couvert de croûtes.

DAMOISEAU: (28) anciennement le gentil-homme qui n'était encore chevalier (N).

DEMANDEUR/ERESSE: (27) implorant

DEMEURANT: (20, 88) habitant; (40) le reste; (43) tardant, restant, absent

DEQUOY: (53, 74) de quoi

DESCONFORTER: (37) décourager; attrister, désoler (S-P).

DESPECHER: (72) délivrer, dégager, aider à se dégager.

DESTOURNÉ: (39) on appelle des ruës détournées, un chemin détourné, ceux qui ne sont pas fort frequentés, qui vont à la traverse, ou à quelque lieu particulier (F).

DESTRAPPER: (15) délivrer; free, rid (C).

DEVANT: (9, 26, 31, 49, 67, 86) en avant.

DEVERS: (61) envers.

DEXTRE: (71) qui est à droite, droit.

DIABLE: (57, 69) que diable — une exclamation.

DIABLERIE: (18, 48) sortilège; artifice du diable (F); méchanceté, difficulté.

DOLENT/E: (42, 46) malade; celle qui souffre.

DONNER: (19) donner à fond — ancrer (F); (32) se donner (de) garde — se méfier.

DOUBLE: (10) petite monnaie de cuivre valante deux deniers (F).

DOUCELET/TE: (26) diminutif de doux/ce.

DRAPPEAU: (45) qui se dit de vieux morceaux d'étoffe, ou de linge (F).

DROICTEMENT: (45) d'une manière directe; juste (F).

EFFECT: (75) par (l') effect — en réalité.

EMBRASEMENT: (53) incendie.

ENCOR, ENCORE: (12, 36, 44, 45, 75, 76, 78, 84) à cette heure; (11, 26, 41, 45, 65, 73, 74, 76) aussi.

ENFERMER HORS: (8) empêcher d'entrer.

ENGEOLLER: (80) charlataner, tromper quelqu'un par des paroles ou des promesses flattteuses (F).

ENJALOUSER: (28) rendre jaloux.

ENNUY: (5, 12, 31, 33, 34, 66) affliction, douleur, tristesse.

ENSEIGNE: (60) enseigne; (1, 2, 11, 60, 63, 70, 82) signe, marque, preuve, renseignement.

ENSEIGNER: (76) enseigner quelqu'un — lui apprendre, lui faire savoir.

ENTENDEMENT: (22, 24, 27, 53, 55) esprit, pensée.

ENTRETENEMENT: (25) dépense qu'on fait pour les choses nécessaires à la vie

ESCOLIER: (67) étudiant.

ESGORGER: (12) rançonner les gens, les faire payer plus qu'ils ne doivent (F).

ESGRAFFIGNER: (16, 38) égratigner.

ESGUILLONNER: (37, 68) exciter, pousser quelqu'un à faire (F).

ESGUISER: (63) aiguiser.

ESJOUYR: (65) réjouir.

ESPERONNER: (54) exciter, encourager quelqu'un à faire (F).

ESPIC: (31, 65) épi.

ESTAT: (23) faire estat de/que — constater, considérer.

ESTOMAC(H): (18, 27, 35, 54, 75) sein, poitrine.

ESTRIVER: (58, 59) combattre, lutter.

ESVENTÉ: (65) qui a la tête légère, qui est emporté, évaporé, imprudent (F).

FAILLIR: (74) manquer.

FAIT: (5, 12, 13, 56) travail, besogne.

FASCHER: (44, 57, 87) ennuyer, importuner, fatiguer.

FASCHERIE: (12) fatigue, malaise; affliction, souffrance.

FASCHEUX: (19, 25, 63, 73) importun, déplaisant, de caractère difficile, irritable, indocile.

FAUTE: (79) sans faute — assurément, précisément.

FEINTISE: (50) feinte, hypocrisie, fiction.

FENDANT: (47) fanfaron, batailleur.

FERIR: (16) frapper.

FIANCE: (74) assurance qu'on a de la fidelité de quelqu'un (F).

FIEL: (27, 84) une herbe amère (N).

FIENTE/R: (68) un mot commun à tout excrément d'hommes et de bêtes (N).

FIGURÉ: (44) orné de dessins.

FINET/TE: (80) rusé/e, finaud/e.

FLAMBEAU: (66) torche qui embrase.

FLATTERESSE: (48) flatteuse.

FLEUR: (45) farine.

FOL(L)ASTRE: (25, 50) fou, insensé.

FORCE: (16, 18, 65) il est force que — il est nécessaire que; (20) à force — de force.

FORCENEMENT: (16) folie, fureur.

FORLIGNER: (43) dégénérer; dévier.

FORMIS: (64, 65) fourmi.

FORTUNE: (2, 5, 16) de fortune — par hasard; (24, 38) hasard; destinée.

FREDON: (48) tremblement.

FREQUENCE: (64) multitude.

FRIAND/E: (26, 29, 40, 49, 57, 64) habile, jeune élégant.

FRINGUER: (54) sauter, folâtrer, 'caresser'.

FRIQUENELLE: (28) vaurien.

FROIDURE: (31) froideur.

FUMÉE: (54) passion, agitation.

FY: (64) exclamation pour témoigner le mépris, la haine (F).

GABBER: (55) se moquer de, railler.

GEHENNER: (37) torturer, tourmenter.

GENT: (59) sorte de personne.

GLU: (22) viscus, gluten, glutinum (N).

GLUAU: (27) Petite branche, petite verge enduite, frottée de glu, pour prendre des oiseaux (*Dictionnaire de l'Académie*, 1694).

GODINETTE: (16, 26, 54) jolie fille.

GOGO: (8) à gogo – en abondance, donnant pleine satisfaction.

GOPE ou GAUPE: (7) putain; Femme mal propre et sale (*Dict. de l'Académie*, 1694).

GOURMANDER: (65) gaspiller.

GRACE: (32, 36, 60, 87) de grâce — je vous prie.

GRIPPER: (29) saisir, arracher.

GRUË: (50) signifie fig. Un niais, un sot, qui n'a point d'esprit, qui se laisse tromper (*Dict. de l'Académie*, 1694).

HAIN: (48) haim.

HANTER: (84, 85) fréquenter.

HAPPELOPIN: (17) parasite.

HAPPELOURDE: (25) un beau sot.

HARQUEBOUZADE: (43) décharge d'arquebuse.

HART: (20, 62) corde.

HEURE: (66) à l'heure — en ce moment

HOMME DE BIEN: (77, 84) homme honnête et courageux.

HONTEUX: (9, 50) modeste, timide; bashful, modest also shameful (C).

HUMER: (59) avaler (N).

HUME-URINE: (26) avale-urine.

HUYS: (7, 9, 25, 42, 58, 59, 77) porte.

ICELLE: (71, 75) celle-ci.

ICELUY: (12, 60) celui-ci.

IMPOURVEU: (85) à l'impourveu — à l'improviste.

INCREDIBLE: (80) incroyable.

INDISCRET: (59, 69) indiscrete, rash, hare-brained, witless (C).

JÀ: (57) pas du tout.

JOLIVETÉ: (57) jolie chose.

JOURD'HUY: (60) ce jourd'huy — aujourd'hui.

JOUVENCEAU: (8) jeune homme.

JUPPON: (85) vêtement descendant des épaules aux cuisses (H).

LADRE: (58, 87) lépreux.

LARRONNESSE: (9) voleuse.

LASCHER LA BRIDE SUR LE DOS: (14) accorder plus de liberté à.

LASSE de: (8) fatiguée de.
LASSE/R: (52) enlacer.
LEANS: (49, 57, 58, 85) là-dedans.
LORS: (5, 36, 38) alors.

MAGNIFIQUE: (15) magnanime.
MAILLE: (63) demi-denier.
MAIN: (42) de main en main — de temps à autre; (58) chose faite à la
    main — préparé d'avance.
MAISON: (13, 32, 33) de maison — de bonne famille (noble).
MALENCONTRE: (59) malheur.
MARAUD/ MARAULT/MARAUDE: (59, 85) vaurien, mendiant.
MARINIER: (16) matelot.
MARTEL: (17, 25, 28, 35, 63) tourment, jalousie; (26) mettre martel en
    tête à — occasionner des inquiétudes à.
MARTELER: (5) tourmenter.
MASTIN/E: (31) chien de berger; on appelle un homme mastin, quand il
    est de vilaines et ordes complexions, et cruel (N).
MEMOIRE: (9, 47, 61) souvenir.
MENER: (64) mener les mains — se battre avec, donner des coups à.
MENTIR PAR LA GORGE: (58, 87) mentir de façon éhontée, cf. mentir
    comme un arracheur de dents (C).
MERVEILLE: (10, 70) ce n'est pas des merveilles — il n'est pas
    étonnant.
MESCOGNOISSANT: (63) ingrat; ignorant, ungrateful (C).
METTRE: (8) mettre à fond — faire couler (un navire).
MODE: (12) de mode que — de sorte que.
MOLESTER: (5) troubler, offenser, fâcher.
MONDE: (63) c'est du monde — c'est tout à fait naturel.
MORT: (52) il/elle mord — partie du verbe mordre.
MORTIER: (69) chapeau de juriste.
MOU(S)CHE: (15, 62) mouche canine — tique; (45) plus que mousche —
    de façon étonnante.
MOURIR APRÈS: (25, 50) désirer fortement.
MUGUET: (25, 26) jeune efféminé, amoureux; a fond woer, an
    effeminate youngster (C).
MUSEQUIN: (45) joli museau, courtisan efféminé; a little dog's pretty
    snout, also an effeminate courtier that makes love to every wench
    he accompanies (C).

NENNY: (40) non.
NŒUD DU DOIGT: (38) jointure du doigt.
NOISE: (14) dispute, querelle.

NUL: (78) rien.

OCCASION: (74) à mon occasion — à cause de moi.
OFFENSER: (35, 58) blesser, attaquer.
ONCQUES: (17) ne ... jamais
OPINIASTRER, s': (19) persister à.
ORD/E: (9) dégoûtant, sale.
ORDINAIRE: (2) civil; (10, 14, 88) particulier.
ORDON: (68) ordon — tâche, besogne; chier en l'ordon — être au-
     dessous de la tâche.
ORES: (37) or, maintenant.
OUYR: (5, 39, 41, 53) entendre; (7, 60, 65, 74, 85, 86) ouy; (51, 52)
     oyez; (4, 72) oyant.

PARAVENTURE: (23, 33, 58, 77, 78) peut-être, par hasard.
PARQUOY: (28, 64, 70) ainsi.
PARTISSOIS — PARTIR: (56) diviser, partager.
PAS: (48) aller tout de ce pas — en train d'aller, sur le point d'aller.
PASMER: (20, 40) s'évanouir.
PASQUE: (44) dépense, prix.
PELER: (5, 25) dépouiller
PELISSON: (45, 54) pelisse; a furred petticoat or frock (C).
PENETRATIF: (38) pénétrant.
PENSE: (9) panse.
PESTE: (67) exclamation, cf. fi/fy.
PETIT: (40, 85) un petit — peu.
PIPEUR: (61) tricheur, trompeur, séducteur.
POINDRE: (34) poing; (52) poingt — piquer, aiguillonner.
POINT: (15) en bon point — en belle et bonne santé; (82) de tout point –
     certainement pas.
POLTRON/NE/S: (39, 20, 58, 60, 61, 68, 85, 88) lâche, paresseux;
     coquin.
POLTRONNERIE: (59) lâcheté, couardise.
POLY: (27) propre.
POÜACRE: (87) personne sale.
POURTRAIT/TE: (65) dessiné/e, peint/te.
PRATICQUE: (28) client, homme d'action, quelqu'un qui en a l'habitude.
PREJUDICIER: (61) porter préjudice à.
PREMIEREMENT: (60, 75, 78) avant, auparavant.
PRENDRE: (39) prendre terre — aborder.
PRISON: (4, 79) emprisonnement.
PROPOS: (71) changer de propos — changer d'intention.
PROU DE: (33) beaucoup de.

PUBLICQUE: (20) femme publique, prostituée.
PUTIER: (86) débauché; whoremonger (C).

QUANT ET QUANT: (38, 72) en même temps.
QUARTAINE: (69) fièvre quartaine — fièvre quarte.
QUARTIER: (58) à quartier — de côté.
QUESTEUR: (30) quêteur

RADOT(T)É: (68, 87) ayant l'esprit affaibli, sot.
RAISON: (72) propos, message.
RAMENTEVOIR: (73, 74) rappeler, remettre en mémoire.
RANCEUX: (26) décrépit, malodorant.
RAPORTER, se: (9) ressembler
RASOIR: (18) sous le rasoir — en danger(H).
RASSOTTÉ: (28) ayant l'esprit affaibli; grown sottish, childish (C).
RAVISSANT: (27) rapace.
RECEPTE: (8) écrire en recepte — accuser réception de.
REGARD: (51) pour le regard de — quant à.
REMETTRE: (71) rejeter sur, renvoyer.
REQUERIR: (44) rechercher.
RESPARGNER: (63) économiser, épargner.
RETRAICT: (86) cabinet d'aisances.
RETS: (10, 77) filet (N).
RIBAUDE: (7, 71) débauchée, femme de mauvaise vie.
RIPOPPÉ: (86) vin frelaté.
RIS: (5) rire; riz.
RONGNE: (15) scabies (N).
RONGNEUX: (63) scabiosus (N).
ROMPEMENT: (56) cassement.
RONGE-ESTRON: (26) 'mâche-crotte', mangeur de selles.
ROUGE: (10) double rouge — denier en bronze?
ROUILLER: (40) rouler.
ROUTTE: (60) déroute.
RUER: (27) renverser, faire tomber.
RUFFIEN: (84, 87) débauché, malfaiteur.

SAFFRANNIER: (27) banqueroutier, homme ruiné.
SAINT GRIS: (66) ventre Saint Gris — exclamation.
SAOULLER: (8) rassasier.
SÇAVOIR: (14) sçavoir de — savoir.
SECOND: (23) favorable; l'autre.
SERGENT: (8) exécuteur des arrêts de justice, huissier.
SI: (13, 20, 38, 39, 57, 64) si que — de sorte que.

SIMPLETTE: (12) naïve, innocente.
SOLDART: (5, 20) soldat.
SORTIR HORS DU MANCHE: (14) s'emporter.
SOUDAIN: (8, 20, 24, 55, 71) promptement, aussitôt.
SOULDER: (11) souder.
SUBTILISER, se: (17) se rendre subtil.
SUIVRE LES ARMES: (57) mener la vie d'un soldat, servir sous les
    drapeaux.
SUPPOSITION: (16) prétence, fausse attribution par tromperie.

TALENT: (10) désir, volonté.
TANT: (40, 61) tant y a que — d'autant plus que; (77) tant plus — plus.
TANTOST: (12, 25, 43, 78) bientôt.
TARDITÉ: (36, 73) lenteur, retard.
TEMPLE: (38) tempe.
TENIR: (19) tenir dessoubs — asservir.
THESAUR: (35) trésor.
THOREAU: (61) taureau.
TRAFIQUER: (78) faire du commerce.
TRAIT: (47) tour; subtle or ingenious trick, prank (C).
TRAVERSE: (12) malheur; misfortune, hinderance (C).
TRESPASSÉ: (51) le mort.
TRESTOUS: (40) tous.
TROUVER: (48) tu sois le bien trouvé — 'je vous salue' (formule de
    politesse).

UN CHACUN: (28, 29, 65, 77) chacun.

VANTEUR: (39, 47) vantard.
VARLET: (57) valet.
VAUDOIS: (49) sorcier.
VENDRE: (35) à qui voulez-vous vendre vos coquilles — Qui est-ce que
    vous voulez tromper? Pour qui me prenez-vous?
VENIR UN PEU SUR LE MERITE: (8) arriver au sujet.
VENT: (8, 39, 46, 65) souffle, haleine.
VERMEIL: (77) ruber, rubicundus (N).
VERS: (11, 21, 82) envers.
VISTEMENT: (57, 59, 81) vite.
VOILE: (7) faire voile à sa poste — partir à son gré.
VOIREMENT: (17) certainement, vraiment.
VOISE: (24, 87) aille (aller); (54) aille faire.

YRAIGNE: (30, 52) araignée.

TABLE DES MATIÈRES

INTRODUCTION

LES TROMPERIES